# AI와 고용 차별

## AI총서

인공지능 시대입니다. 기계가 인간의 인지를 대신하고, 사물이 인간을 통하지 않고 다른 사물과 직접 커뮤니케이션합니다. 이에 따른 인간 삶과 문명 변화를 정확히 이해·예측·대응하는 것은 이 시대 우리 모두의 과제입니다. AI총서는 인공지능 기술과 환경의 여러 주제를 10가지 키워드로 정리합니다. 관련 개념과 이론, 학계와 산업계의 쟁점, 우리 일상의 변화를 다룹니다. 인간과 기술의 현재, 미래를 세심히 분석합니다.

## 일러두기

- 이 도서는 선남대학교의 학술도서출판 지원을 받았습니다.
- 인명, 작품명, 저서명, 개념어 등은 한글과 함께 괄호 안에 해당 국가의 원어를 병기했습니다.
- 외래어 표기는 현행 어문규정의 외래어표기법을 따랐습니다.

처음이세요?

전문가세요?

# AI와 고용 차별

오선정

대한민국, 서울, 커뮤니케이션북스, 2025

# AI와 고용 차별

지은이 오선정
펴낸이 박영률

초판 1쇄 펴낸날 2025년 12월 5일

커뮤니케이션북스(주)
출판 등록 2007년 8월 17일 제313-2007-000166호
02880 서울시 성북구 성북로 5-11
전화(02) 7474 001, 팩스(02) 736 5047
commbooks@commbooks.com
www.commbooks.com



ISBN 979-11-430-1511-2 03500

책값은 뒤표지에 표시되어 있습니다.

# 차례

## AI와 고용 차별, 그리고 정책의 역할

고용 분야에서 인공지능(Artificial Intelligence, AI)을 활용한 자동화된 의사 결정이나 프로파일링이 폭넓게 활용되고 있다. 과거 인사 담당자가 면접 대상자나 고용할 사람을 결정할 때 외부 전문가를 위촉하여 일일이 서류를 검토하거나 면접을 진행해서 의사 결정을 하는 것과 비교하면 고용 분야에서 AI의 분석 결과를 활용하는 것은 시간과 비용 면에서 매우 효율적일 것이다. 하지만 차별적인 결과가 나타나기도 한다.

AI가 고용 분야에서 활용될 때 어떻게 사람을 차별할 수 있을까에 대해 의문이 생길 수도 있다. 한때 AI 등에 의한 자동화된 의사 결정은 인간이 의사 결정에 개입하지 않기 때문에 인간의 편견을 배제할 수 있어 객관적이라는 평가를 받기도 했기 때문이다.

하지만 실제 사기업에서 직원을 채용할 때 AI를 활용하여 서류 합격자를 결정하는 과정에서, 그리고 AI를 기반으로 한 면접 도구를 사용하는 과정에서 특정한 사람들을 차별하는 사례가 나타나고 있다. 예를 들어, 2015

년 아마존은 직접 개발하던 AI 채용 도구가 소프트웨어 개발자 채용 시 여성의 이력서에 낮은 점수를 부여하여 여성 차별적 결과를 도출한다는 것을 알게 되어 그 AI 채용 도구를 폐기하였다. 이처럼 AI를 활용한 채용 결정 등에서 결과적으로 성별, 연령, 장애 여부 등과 같은 다양한 개인 특성에 따라 차별이 나타나고 있다. 특히 염려해야 할 것은 차별을 받는 대상자가 일반적으로 사회에서 보호하고자 하는 대상이라는 점이다.

아마존의 경우는 다행스럽게도 개발 단계에서 AI 채용 도구가 여성을 차별을 한다는 것을 발견해서 이를 폐기할 수 있었다. 하지만 AI의 분석 결과에 차별적인 결과가 나타난다는 것을 모르는 경우가 더 많을 것으로 예상된다.

## AI에 대한 법적 규제

유럽연합(European Union, EU)은 2016년 5월「개인정보 보호 규정(General Data Protection Regulation, GDPR)」을 제정하였고, 동법 제22조의 자동화된 의사 결정의 제한과 관련하여 2017년 유럽 데이터 보호 이사회(European Data Protection Board, EDPB)는 '자동화된 의사 결정 · 프로파일링 관련 가이드라인'을 발표했다.

자동화된 의사 결정이란 인간의 개입이 없이 기술에 의해서 의사 결정을 하는 능력을 의미하며, 프로파일링이란 개인정보를 자동으로 가공하여 자연인에 대한 개인적인 특성을 평가하거나 예측하는 것을 의미한다(EDPB, 2018). EU의 「개인정보 보호 규정」에 따르면 자동화된 의사 결정이나 프로파일링은 고위험 처리에 속하므로, 정보 주체에 대한 충분한 보호 장치가 없다면 원칙적으로 금지된다(EDPB, 2018: 8). 해당 법에 따르면 법률에 근거하여 자동화된 의사 결정이나 프로파일링을 활용하더라도 정보 주체의 권리와 자유 그리고 법적 관심사를 보호하기 위한 적절한 조치를 반드시 취해야 한다. 또한 정보 주체는 인간의 개입(human intervention)을 요구할 권리를 갖는다. 이처럼 EU의 「개인정보 보호 규정」은 정보 주체의 권리 보장에 초점을 맞추고 자동화된 의사 결정이나 프로파일링을 제한하지만, AI의 활용에 대해 직접적으로 규제하지는 않는다.

하지만 2024년부터 단계적으로 발효 중인 EU의 「AI 법」은 "공공 또는 민간 행위자가 자연인을 사회적으로 평가하는 AI 시스템은 차별적 결과를 초래하고 특정 그룹을 배제할 수" 있고, "이러한 AI 시스템으로부터 얻은 사회적 평가 점수는 데이터가 원래 생성되거나 수집된 맥락과 무관한 사회적 맥락에서 자연인 또는 그 전체 그룹에 대해 해롭거나 불리한 처우를 초래하거나, 또는 그들의 사회적 행동의 중대성에 비해 불균형적이거나 정당화되지 않은 불리한 처우를 초래할 수" 있으므로 "허용할 수 없는 평가 행위를 수반하고 유해하거나 불리한 결과를 초래하는" AI 시스템을 금지한다(한국법제연구원, 2024).

이처럼 EU의 「AI법」은 자동화된 의사 결정 자체를 원칙적으로 금지하지 않지만 차별적 결과를 야기하는 AI 시스템을 금지하고, 다른 고위험 AI 시스템에 대해 AI 공급자 및 배포자의 의무를 규정하며, 그 의무에는 인간 감독(human oversight)의 의무가 포함된다. 이러한 인간 감독은 시스템 설계 및 운영 단계에서 확보해야 한다.

요약하면 EU의 「개인정보 보호 규정」은 개인이 자동화된 의사 결정에 휘둘리지 않도록 방어권을 보장하지만, 「AI법」은 더 나아가 AI 시스템이 사회와 시장에 위험을 초래하지 않도록 사전에 인간이 규제할 의무를 부과한다.

## AI의 차별

그렇다면 AI의 구체적인 위험성은 무엇이기에 이에 대

응하기 위해 다양한 법규와 기준이 만들어지고 있을까?

경제협력개발기구(Organisation for Economic Cooperation and Development, OECD) 회원국은 고도로 발전한 AI(advanced AI)의 위험성으로 첫째 사이버 보안에 대한 위험(threats to cyber security), 둘째 잘못된 정보나 조작(disinformation/manipulation), 셋째 편견과 차별의 조장(exacerbating bias and discrimination) 등을 선택하였다(OECD, 2024: 30). 사이버 보안이나 정보 조작에 대한 위험성은 AI의 활용과 직결되어 일반적으로 예상이 가능하지만, 편견과 차별에 대한 우려는 의외일 수 있다. 하지만 AI의 차별 가능성은 매우 명백하며 실제로 AI에 의한 차별 문제가 현실로 나타나고 있다.

이러한 AI의 차별의 위험성에 대한 인식을 바탕으로 다양한 법규와 협약 등이 나타나고 있다. 대표적으로 인공지능과 인권, 민주주의, 법치주의에 관한 유럽평의회 프레임워크 협약(Framework Convention on Artificial Intelligence and Human Rights, Democracy and the Rule of Law, 이하 유럽평의회의 「AI 프레임워크 협약」)은 서문에서 AI 시스템으로 인한 차별의 위험성을 언급하고, 이러한 차별은 여성과 취약한 상황의 사람들에게 불평등을 초래하거나 악화시킬 수 있는 잠재적 영향을 가지고 있다고 설명한다. AI가 편견과 차별의 조장을 할 가능성에 대해서, EU의 자동화된 의사 결정 · 프로파일링 관련 가이드라인과 「AI법」에서도 AI가 정보 주체를 차별(discrimination)하거나 AI의 분석 결과에서 편의(bias)가 나타날 수 있어 보호 조치가 필요하다고 명시하고 있다(EDPB, 2018).

## AI의 차별과 인권 침해

AI에 의한 차별 현상 또는 AI의 분석 결과에 따라 편의가 나타나는 분야는 매우 다양하다. 쉽게 접할 수 있는 차별은 채용에서의 차별, 대출에서의 차별 등이 있다. 이러한 분야의 차별은 인권과 직결된다.

유럽평의회의 「AI 프레임워크 협약」의 이름에도 인권이 포함되어 있는 바와 같이, AI는 인권을 존중하는 방식으로 활용되어야 한다. 인권에는 시민적, 정치적, 경제적, 사회적, 문화적 권리 등이 포함되며, 경제적 권리에는 노동권이 포함된다. 노동권에는 일할 권리가 포함되어 있고, 차별 금지는 국제노동기구(International Labour Organization, ILO)의 핵심 협약에도 포함되어 있는 기본적인 인권으로 볼 수 있다. 따라서 AI가 차별을 통해 인간의 일할 권리를 제한한다면 이는 인간의 경제적 기회를 제한하는 것으로 인권을 침해하는 행위다. 이에 이 책은 이러한 AI의 고용 차별 현상에 대해 알아보고, 이를 정책적으로 해결할 방안을 모색한다.

## AI의 차별 원인

AI 시스템이 수행하는 주요 기능에는 예측(prediction)이 포함된다. 예측은 과거와 현재의 행동을 바탕으로 미래를 예측하는 것과, 단순히 시스템에 제공된 알려진 가치(입력, input)로부터 알 수 없는 가치(출력, output)에 대해 추측하는 것을 의미한다(채기현, 2024.5.30).

AI는 예측을 위해 변수를 알고리즘으로 분석하는데, 알고리즘이 분석할 수 있는 변수를 바탕으로 예측하고자 하는 변수들의 상관관계를 예측하는 과정에서 차별이 나타난다. 또한 분석 자료가 대표성을 갖지 않는다면 분석 표본에서 제외된 정보 주체에 대한 예측을 분석 표본에 포함된 사람들의 자료를 분석하여 예측하면서 차별적인 결과로 이어질 수 있다.

데이터의 기계 학습으로 인해 알고리즘의 편향(bias)은 수정될 여지도 있지만 오히려 강화되기도 한다. 만약 알고리즘을 설계한 사람 자체가 편견을 가지고 있어서 알고리즘 자체를 편향되게 설계한다면 AI는 이를 더욱 악화시킬 수 있다.

## 당연하다고 생각했던 것이 장시간 차별의 결과라면

필자는 미국 유학 시절 같은 수업을 듣던 흑인 친구에게 흑인들이 농구 등 스포츠에서 뛰어난 활약을 하는 것을 언급하며 흑인들은 대단한 신체적 능력을 가지고 태어나는 것 같다고 말한 적이 있다. 하지만 그 친구는 살짝 기분 나쁜 표정을 지으며 나에게 만약 다수의 흑인들이 운동장에서 농구를 하며 긴 시간을 보내지 않고 다른 인종들과 비슷한 시간을 교실에서 공부했다면 과연 농구에서 두각을 나타내는 흑인 선수가 많을지 되물었다. 이때 나는 내가 쉽게 관찰할 수 있는 현상이 기존의 편견의 결과일 수 있다는 것을 깨닫게 되었다. 그리고 수능이 끝나고 여자에게는 교사나 약사가 최고라며 나에게 교대나 약대에 진학하라고 하시던 부모님과 언쟁을 벌이던 순간도 떠올랐다.

이러한 현상은 본문에서 설명하는 통계적 차별이라는 개념을 바탕으로 설명될 수 있다. 통계적 차별이란 무엇인가가 좋거나 싫어서 발생하는 차별이 아닌 그 집단에 대한 기존의 통계를 바탕으로 발생하는 차별을 의미한다. 통계적 차별은 일반적인 선호에 의한 차별과 마찬가지로 사회에서 지속되는 특징을 가지고 있다.

## 공공 고용서비스에서 AI의 기회

AI를 활용하면서 차별이 발생한다고 AI를 활용하지 않을 수 있을까? 실제로 차별을 이유로 다양한 기업들이 활용하고 있는 AI 기반 시스템에 법적 제동이 걸리고 있다. 기업은 AI를 비용과 편익의 측면에서 효율성을 높이기 위해서 사용하기 때문에, 차별적인 결과가 나타난다면 활용이 제한된다. 반면, 재정 투자를 바탕으로 하는 정부에서는 AI를 활용해서 나타날 수 있는 차별적 결과를 역으로 이용해서 차별의 대상이 되는 집단에게 유리하게 활용할 수 있다. 따라서 정부 정책에서는 차별적 결과가 나타날 수 있다는 것을 인식하고 이에 대응해야 한다. 특히, 정부 정책을 통해 이에 대해 적극적인 보호 장치를 마련해야 한다. 구체적으로 어떠한 정책이 필요할까? 그 답은 OECD의 AI 권고안(Recommendation of the Council on Artificial Intelligence)에서 찾을 수 있다.

OECD의 AI 권고안에 따르면 정부는 일자리 및 사회의 변화에 대비하도록 이해관계자와 밀접하게 소통해야 하며, AI의 활용에 따른 노동시장의 전환에 의해 영향을 받을 노동자를 지원해야 하며, 이들이 노동시장에서 새로운 기회를 얻을 수 있도록 지원해야 한다. 또한 AI의 책임성 있는 사용을 촉진하고 노동자의 안전, 일자리 및 공공서비스의 질을 높여야 한다. 2026년 1월에 한국에서 시행될 예정인 「AI 기본법」에서도 정부에 이러한 의무를 부과하고 있다. 고용 분야에서 이러한 기능을 하는 것이 공공 고용서비스(Public Employment Services) 정책이다. 정부는 고용서비스를 통해 취업 알선, 노동시장 정보 제공, 노동 수요 · 공급의 조절을 목표로 하는 노동시장 프로그램의 운영 및 실업자 소득 지원 프로그램 등을 운영한다(Baptista et al., 2016).

고용서비스 정책에서 AI 기반 프로파일링 또는 통계적 유형화는 AI 시스템을 활용하여 고용서비스의 정책 대상자의 특성을 식별하고, 그 식별 결과에 따라 정책 대상자에게 차별화된 서비스 등을 제공하거나 의무를 부과하기 위한 목적으로 활용된다. 민간의 고용 분야에서 AI 기반 프로파일링은 프로파일링 결과를 바탕으로 면접 대상자를 선발하거나, 채용할 사람이나 해고할 사람 등을 선택하기 위해서 사용되지만, 정부는 AI 기반 고용서비스의 프로파일링을 통해 정책 대상자에 대한 최적의 정책 수단이나 내용 등을 선정하는 차이가 있다.

이처럼 AI 기반 고용서비스가 도입되면서 구직자를 세분화하여 고용서비스 수단이나 그 내용을 구직자 개별에게 맞춤형으로 제공할 수 있는 가능성이 커지고 있다. 또한 프로파일링을 도입해서 기존의 고용서비스 정책과 AI 기반 고용서비스 정책을 통합적으로 연계할 수도 있다.

이러한 장점으로 인해 AI 기반 고용서비스가 활성화되고 있고, 국제적으로 고용서비스 분야에서 프로파일링이 매우 폭넓게 사용되고 있다. 하지만 국내에서는 프로파일링 또는 통계적 유형화가 아직 본격적으로 사용되고 있지 않아 도입의 필요성이 지속적으로 제기되고 있다. 따라서 고용서비스가 향후 구직자, 실직자, 직업훈련생 등 다양한 정책 대상자의 특성에 따라 가장 적합한 고용서비스 정책과 수단을 선정하기 위해서 AI 기반 프로파일링을 도입하는 것이 필요하다(오선정 · 이재갑, 2025).

## 공공 고용서비스에서 AI의 위험성

공공 고용서비스에서 AI 기반 프로파일링의 장점이 많고, 공공 고용서비스는 구직자가 취직하는 것을 도와주는 좋은 정부 정책이다. 하지만 이러한 정책에서 AI 기반 서비스를 활용할 때 어떻게 통계적 차별이 나타날 여지가 있을까?

만약 정부가 일자리를 찾는 저학력자에게 단순 서비스직에 대한 직업 훈련을 받도록 추천하고 단순 서비스직에 대한 취업 정보를 제공한다고 가정해 보자. 이러한 정보를 제공받고 직업 훈련을 받은 구직자가 우선적으로 이러한 일자리에 취업하게 되고, 그 경력을 바탕으로 지속적으로 서비스직에 취업할 것이라고 예상할 수 있다.

문제는 유사한 정보가 지속적으로 제공되고, 이러한 관행으로 인해 저학력자가 취업하는 직종이 단순 서비스직에 집중되며, 이것이 직종에서 학력별 고용 차별이라는 결과로 연결될 수 있다는 것을 깨닫게 되는 데 아주 오랜 시간이 걸린다는 것이다. 따라서 추후 결과가 차별적이라는 것을 깨닫더라도 고치는 데 많은 시간이 소요된다.

지금은 과거보다는 사람들의 편견이 약해졌다. 따라서 공공 고용서비스 정책을 통해 직업 훈련 직종이나 일자리 정보를 제공하는 직업 상담사도 과거와 같이 저학력자에게 단순 서비스직 위주의 추천만을 하지는 않고, 참여자의 자격증이나 일 경험 등 다양한 정보를 파악한 후 가장 최적의 직업 훈련 분야나 일자리를 추천하고 있다.

하지만 이러한 직업 상담사라는 사람의 판단이 AI로 대체된다면 오히려 기존의 편견이 강화될 여지도 있다. 기본적으로 AI는 기존의 데이터를 기계 학습하여 자동적으로 의사 결정을 하는데 AI가 분석하는 데이터에는 그동안의 차별이 반영되어 있기 때문에 AI에 의한 판단은 이론적으로 통계적 차별을 강화시킬 수 있기 때문이다. 즉, 사람이 가진 편견은 시간이 지나면서 대체로 개선되지만 AI 시스템의 분석은 그 개선되는 속도를 따라가기보다는 오히려 과거의 데이터에 반영되는 편견을 강화시키는 방향일 수 있다.

앞서 설명한 아마존의 경우에서 AI의 알고리즘이 이력서에 여성이라는 단어가 언급된 지원서를 채용 대상에서 배제하거나 감점하였는데, 그 이유는 과거 아마존의 기술직 채용 공고에 지원하고 채용된 사람의 대부분이 남성이었기 때문이다. 이처럼 AI로 인해 기존의 통계적 차별이 오히려 강화될 수도 있기 때문에 정부 정책의 설계자가 보호 대책을 마련해야 한다.

## 정책의 효율성 강조

현재 사회는 정부에게 민간과 유사하게 효율성을 강조

하고 있다. 최소 투입에 따른 최대 결과를 지향하는 효율성은 한정된 정부 자원을 생각하면 매우 중요한 가치다. 하지만 효율성을 추구하면서 행정이 추구하는 다른 중요한 가치인 형평성과 민주성이 훼손될 수 있다. 특히 정책 결정의 효율성을 강조하면서 AI가 정부의 효율성을 높일 수 있는 기적과 같은 도구처럼 여겨지기도 한다. 하지만 AI를 기반으로 한 의사 결정이 차별적인 결과를 발생시킨다면 형평성과 민주성이 훼손될 수밖에 없다.

AI 시스템의 수행 기능 중 최적화는 비용 함수 · 사전 정의된 목표를 위한 최적의 문제 해결 방안을 도출하는 것이다(채기현, 2024.5.30). 여기서 비용 함수를 고려하는 것이 바로 비용 측면에서의 효율성을 목적으로 하는 것을 의미한다.

하지만 형평성과 민주성이 훼손된다면 이를 다시 복구하는데 별도의 재정이 소요될 것이고 그렇다면 결국 AI를 활용하는 것이 정부의 효율성을 높이는 것은 아닐 것이다.

특히 공공 고용서비스 등 정부 정책에서 AI를 활용하면서 차별적인 결과가 나타난다면 더욱 큰 문제다. 2016년 3월 출시된 마이크로소프트의 챗봇 테이(Tay)가 여성이나 특정 인종에게 차별적 발언을 해서 사용이 정지된 것은 유명한 사례다. 이처럼 AI가 차별을 하는 것을 쉽게 발견한다면 오히려 다행이지만, 정부 정책에서는 아마존이나 마이크로소프트와 같이 AI가 활용하는 알고리즘으로 인해 차별적인 결과가 나타난다는 것을 발견하는 것조차도 쉽지 않다. 구직자를 정부 재정을 바탕으로 취직하도록 적극적으로 도와주는 고용서비스 정책에서 AI가 특정한 사람을 결과적으로 차별하게 된다는 것을 과연 신속하게 알게 되고 이를 개선할 수 있을까? 쉽지는 않을 것이다.

이에 이 책은 한국보다 AI 기반 고용서비스를 먼저 활용하여 다양한 문제를 이미 겪은 해외 국가의 사례와 AI의 차별에 대한 대응 방안을 알아본다. 또한 구체적으로 차별 문제를 내재한 AI를 활용해서 어떻게 정책적으로 노동자를 지원할 수 있는지에 대해 고용서비스 측면의 활용 방안을 모색한다.

## 공공 고용서비스에서 AI 활용의 방향

기업에서 AI를 활용하면서 차별 등의 위험성이 크기 때문에 규제 위주의 접근이 필요한 것과는 달리 공공 고용서비스에서는 AI의 활용이 오히려 기회가 될 수 있다. 공공 고용서비스에서 AI를 활용하면서 통계적 차별이라는 가능성 자체를 인정하고 정책을 설계한다면 오히려 통계적 차별을 극복할 가능성이 있기 때문이다.

공공은 정부 재정을 투자하는 것을 기반으로 하기 때문에 이 재정 투자의 방향을 재설계하면 AI 활용의 기회가 열릴 수 있다. 예를 들어, AI 분석 결과의 차별 가능성을 전제로 AI를 통해 자동화된 결정을 내리는 대상은 통계적 차별이 나타날 가능성이 낮은 집단(고학력 전문직 등)으로 한정하고, 통계적 차별이 나타날 가능성이 높은 집단에게는 자동화된 결정을 적용하지 않고 인간인 직업 상담사가 이 판단에 적극적으로 개입하는 방식이 가능할 것이다.

또한 AI 기반 고용서비스를 활용해 자동화된 결정을 내리는 분야도 구직자에게 지원하는 금액을 감액하는 것과 같은 침익적인 행정 행위가 아니라, 고용 센터 출석의 의무 등을 면제해 주는 등의 수익적인 행정 행위인 것이 적합할 수 있다.

## AI의 기회와 차별에 대한 정책적 대응

필자는 미국에서 유학하면서 사람들이 소위 좋다고 평가하는 교육 정책이 예상치 않게 인종이나 소득 수준 등에 따라 사람들을 나누고, 이러한 사회적 분리(segregation)가 사회가 보호해야 하는 사람들에게 부정적인 영향을 미칠 수 있다는 것에 대해 연구하였다. 이러한 논문 주제는 주택 시장에서의 인종 차별 문제에 대한 대가인 John Yinger 교수의 영향을 받았다. 하지만 나의 연구 주제에 대해서 주위 한국 사람들은 취직하기 어렵고 한국에서 별로 써먹기 어려운 주제라며 걱정하였다. 운 좋게 나는 졸업과 동시에 한국노동연구원이라는 고용 노동 분야의 대표 국책 연구기관에 취직하여 고용 정책의 전문성을 키울 수 있었고, 학교로 이직 후 그곳에서 취득한 고용 정책에 대한 전문성을 바탕으로 과거부터 관심이 있었던 차별에 대한 연구를 진행하고 있다. 이 책은 주변에서 졸업하고 배고프기 좋겠다는 연구 주제와 연구원에서의 경험이 융합된 결과이며, AI의 통계적 차별에 대한 연구는 전남대학교와 아산사회복지재단 등의 연구비 지원을 바탕으로 계속되고 있다.

이 책의 내용이 정책을 설계하는 연구자나 공무원에게 잘 전달되어 AI가 현명하고 효과적으로 활용되며 사람들에게, 특히 사회가 보호해야 하는 사람들에게 도움이 되도록 활용되기를 희망한다. 그리고 이러한 노력이 향후 한국에서 수십 년을 살 내 딸 수현이가 AI와 공존하며 AI의 혜택을 누리지만 AI로부터 피해는 받지 않는 데

작은 도움이 되기를 희망한다.

## 참고문헌

오선정·이재갑(2025). “한국 고용서비스의 유형화 특성 분석 및 개선 방안 연구”. 《노동정책연구》, 25(3), 115~137쪽.

채기현(2024.5.30). “OECD AI 시스템 정의 개정의 주요 내용 및 시사점”. 《디지털 법제 Brief》. 한국지능정보사회진흥원.

한국법제연구원(2024). “EU AI ACT 번역본”.

Baptista, D. et al.(2016). The World of Public Employment Services: Challenges, Capacity and Outlook for Public Employment Services in the New World of Work. https://www.oecd.org/en/publications/the-world-of-public-employment-services_9789264251854-en.html

Council of Europe(2024). Council of Europe Framework Convention on Artificial Intelligence and Human Rights, Democracy and the Rule of Law. *Council of Europe Treaty Series, 225*. https://rm.coe.int/1680afae3c

European Data Protection Board(2018). Guidelines on Automated individual decision-making and Profiling for the purposes of Regulation 2016/679(wp251rev.01). https://ec.europa.eu/newsroom/article29/items/612053

European Union(2016). Regulation (EU) 2016/679 of the European Parliament and of the Council of 27 April 2016 on the protection of natural persons with regard to the processing of personal data and on the free movement of such data, and repealing Directive 95/46/EC (General Data Protection Regulation) (Text with EEA relevance). https://eur-lex.europa.eu/eli/reg/2016/679/oj/eng

European Union(2024). Regulation (EU) 2024/1689 of the European Parliament and of the Council of 13 June 2024 laying down harmonised rules on artificial intelligence and amending Regulations (EC) No 300/2008, (EU) No 167/2013, (EU) No 168/2013, (EU) 2018/858, (EU) 2018/1139 and (EU) 2019/2144 and Directives 2014/90/EU, (EU) 2016/797 and (EU) 2020/1828 (Artificial Intelligence Act). https://op.europa.eu/en/publication-detail/-/publication/dc8116a1-3fe6-11ef-865a-01aa75ed71a1/language-en

OECD(2024). Report on the Implementation of the OECD Recommendation on the Artificial Intelligence. https://one.oecd.org/documnt/C/MIN(2024)17/en/pdf

## 01
## 고용 분야에서 AI 활용

AI는 구직 신청서를 분석하여 면접 대상자를 선발하거나, 직접 면접을 진행하여 채용 여부를 결정하거나, 기존 직원에 대한 포상이나 징계를 결정하거나, 심지어 해고에 대한 결정까지도 하고 있다.

기후 위기와 인공지능?

## 고용 분야에서 AI의 활용

2025년 8월 4일 자 신문 기사에 따르면 설문조사에 참여한 미국의 인사 전문가 900명 중 96%가 채용 시 AI를 활용한다고 응답했다(Lee, 2025.8.4). 이 비율은 2017년 다른 설문조사에 참여한 미국 인사 담당자의 55%가 AI가 5년 이내에 채용 시 활용될 것이라고 응답한 결과보다(Dastin, 2018.10.11) 훨씬 높은 수치다.

물론 두 설문조사의 대상, 설문 문항의 내용 등이 다르기 때문에 절대적인 비교는 불가능하지만 설문조사 결과에서 나타난 수치의 차이에서 얼마나 빠른 속도로 고용 분야에서 AI의 활용이 확산되고 있는지 가늠할 수 있다. 특히 2020년 코로나19가 전 세계적으로 확산되면서 비대면으로 채용을 진행하는 것이 보편화되면서 AI의 활용이 더욱 활발해졌다. 이후 AI 기술의 범용화는 자동화된 고용 결정 도구의 활용을 더욱 가속화시켰다. 고용 분야에서 AI의 활용은 이제 보편적인 것으로 보인다.

실패에 그쳤기는 했지만 아마존은 2014년부터 자신들이 개발한 AI 채용 도구를 활용해서 채용 후보자를 선발하고자 하였다. 요즘에는 AI가 직접 면접 대상자에게 이메일로 연락하여 면접 일자를 잡고, 온라인상에서 직접 면접을 진행하고 있다. 면접 대상자는 면접이 AI로 진행되는지 사전에 알지 못하는 경우도 많다. 기업이 채용하고자 하는 사람을 찾기 위해서 모집 공고를 낼 필요도 없이 온라인상에 이미 올라와 있는 많은 이력서를 검토하여 최적의 후보자를 찾아내 선발하기도 한다. 채용뿐만이 아니라 2025년에 마이크로소프트는 관리자들에게 이미 채용한 직원을 평가할 때에도 GitHup Copilot과 같은 내부 AI 도구를 활용하도록 하였다(Stewart, 2025.6.28).

직원 채용이나 인사 평가보다 훨씬 더 예민할 수 있는 해고와 같이 고용의 영역에도 AI가 활용되고 있다. 2025년에 네덜란드 암스테르담 법원은 Uber가 AI를 바탕으로 사람을 해고한 것은 EU의 「인공지능법(Artificial Intelligence Act, AI법)」에 어긋난다는 판결을 내릴 정도로 해고에서도 AI가 활용되고 있다(Kelly, 2023.11.4). 실제 300명의 관리자급 인사 담당자를 조사한 2023 Capterra 설문조사에 따르면 98%의 관리자급 인사 담당자는 AI와 같은 소프트웨어나 알고리즘을 활용해서 직원들을 해고한다고 밝혔다(Kelly, 2023.11.4).

AI를 통해 채용, 인사 평가, 해고 등에 대한 의사 결정을 하는 경우도 있지만, AI의 분석 자료를 바탕으로 인사 관리를 하는 경우도 있다. 예를 들어, AI를 통해 직원을 고용하는데 그치지 않고 채용할 직원이 배치되기 가장 적합한 부서나 업무를 찾아내기도 한다. 또한 인사 평가를 하는 경우에는 인사 평가의 결과를 바탕으로 직원 개개인의 취약한 부분이나 더 개선할 부분을 발굴해서 해당 직원이 발전할 수 있도록 지원하기도 한다.

## AI에 의한 자동화된 의사 결정

앞서 살펴본 사례는 얼마나 폭넓게 AI가 이력서 검토, 면접, 인사 평가, 채용, 해고, 인사 관리 등에 활용되고 있는지 보여 준다.

이러한 고용 전반에 관련된 AI의 활용을 자동화된 의사 결정(Automated decision-making)이나 자동화된 고용 결정 도구(Automated employment decision tools)의 활용으로 부를 수 있다. 구체적으로 자동화된 고용(채용) 결정 도구는 "기계 학습(machine learning), 통계 모델링(statistical modeling), 데이터 분석(data analytics) 또는 AI로부터 도출된 모든 계산 과정으로서 자연인(natural persons)에게 영향을 미치는 고용 결정을 내리기 위한 재량적 의사 결정(discretionary decision)을 실질적으로 지원하거나 대체하기 위해 사용되는 도구"를 의미한다(김예진, 2023: 104). 이러한 자동화된 고용 결정 도구는 숫자, 분류 또는 추천을 포함한 정리된 결과물을 도출하여 고용과 관련된 의사 결정을 한다(김예진, 2023).

보다 포괄적으로 유럽 데이터 보호 이사회(EDPB)에서 2017년 채택하고 2018년 개정한 자동화된 의사 결정 · 프로파일링 관련 가이드라인(Guidelines on Automated individual decision-making and Profiling)에서는 이러한 자동화된 의사 결정을 인간의 개입이 없이 기술적인 방법에 의해서 의사 결정을 하는 능력(the ability to make decisions by technological means without human involvement)이라고 정의한다(EDPB, 2018: 8).

## 프로파일링

이처럼 자동화된 의사 결정은 데이터를 기반으로 하며, 이 데이터는 개인이 설문조사에 응답하여 직접 제공하는 자료, 신청서에 입력한 거주지 정보 등을 바탕으로 개인에 대해 관찰할 수 있는 자료, 신용 점수와 같이 이미 생성된 개인에 대한 프로파일링 결과 등을 바탕으로 개인에 대해 유추할 수 있는 자료를 포함한다. 즉, 프로파일링은 AI 등이 자동화된 의사 결정을 할 때 활용하는 개인에 대한 평가로 기존의 다른 정보를 가공하여 만들어 낸 결과다.

구체적으로 프로파일링이란 개인정보를 자동으로 가공하여 자연인에 대한 개인적인 특성을 평가하거나 예측하는 것을 의미한다(EDPB, 2018). 프로파일링은 사람의 직장에서의 업무 성과(natural person's performance at work), 경제 상황, 건강, 개인적인 선호, 흥미, 신뢰 가능성, 행동, 장소나 이동 등을 평가하거나 예측한다. 따라서 EDPB가 정의한 프로파일링의 3가지의 주요 특징은 자동화된 처리, 개인정보의 분석, 자연인의 개인적인 특성을 평가하는 것을 목적으로 하는 것이다(EDPB, 2018). 단순히 연령, 성별, 키 등의 개인적인 특성을 바탕으로 자연인을 구분(classification)하는 것은 평가나 예측의 특성을 가지지 않기 때문에 프로파일링에 속하지 않는다.

EDPB(2018: 6)에서 직장에서의 업무 성과를 평가하는 것을 프로파일링의 첫 번째 예시로 활용한 것에서도 알 수 있듯이, 고용 분야에서 프로파일링은 매우 폭넓게 사용되고 있으며 AI를 활용한 자동화된 의사 결정의 핵심 요소라고 볼 수 있다.

## AI의 기회

OECD 회원국에 대한 조사 결과에 따르면 파운데이션

모델이나 생성형 AI와 같이 고도로 발전한 AI가 주는 기회에는 첫째 생산성 향상(productivity gains), 둘째 건강관리의 개선(improving healthcare), 셋째 혁신과 기업가정신의 촉진(promoting innovation and entrepreneurship) 등이 포함된다(OECD, 2024: 30).

이처럼 AI를 활용해서 무엇인가를 향상시키거나 개선하거나 촉진시킬 수 있을 것이라는 기대가 크다. 하지만 이러한 AI의 기회는 AI가 가지고 있는 잠재적 위험을 관리할 수 있을 때 실현될 수 있을 것이다.

## 고용 분야에서 AI 활용의 목적

고용 분야에서도 AI를 활용해서 의사 결정을 하는 궁극적인 목적은 인간의 결정을 AI가 대신하도록 하여 효율성을 증대하고 자원을 절약하기 위해서다(EDPB, 2018: 5). 또한 지금은 AI에 의한 고용 분야의 차별 문제가 대두되고 있지만, AI의 활용 초기에는 AI에 의한 결정이 인간의 결정에 비해 편견을 배제할 수 있어 더욱 객관적이라는 믿음도 있었다.

최근에는 AI에 의한 분석 결과를 기업의 인사 전문가나 리크루터(recruiter)가 참고하기 위해서 활용하는 것에서 더 나아가 AI 도구가 인간의 결정을 완전히 대체하는 사례가 늘어나고 있다. 즉, 과거에 AI는 인간의 고용과 관련된 결정을 보조하는 역할을 했지만 지금은 결정을 보조하는 것이 아니라 결정을 대신하는 역할까지도 하고 있다. 다음 장에서는 고용 분야에서 AI의 분석 결과를 활용하면서 나타나는 문제점을 살펴본다.

## 참고문헌

김예진(2023). "채용절차에 있어서 인공지능의 차별 문제: 미국과 한국의 비교를 중심으로". 《노동법연구》, 55, 85~126쪽.

Dastin, J.(2018.10.11). Insight – Amazon scraps secret AI recruiting tool that showed bias against women. Reuters. https://www.reuters.com/article/world/insight-amazon-scraps-secret-ai-recruiting-tool-that-showed-bias-against-women-idUSKCN1MK0AG/

European Data Protection Board(2018). Guidelines on Automated individual decision-making and Profiling for the purposes of Regulation 2016/679(wp251rev.01). https://ec.europa.eu/newsroom/article29/items/612053

European Union(2024). Regulation (EU) 2024/1689 of the European Parliament and of the Council of 13 June 2024 laying down harmonised rules on artificial intelligence and amending Regulations (EC) No 300/2008, (EU) No 167/2013, (EU) No 168/2013, (EU) 2018/858, (EU) 2018/1139 and (EU) 2019/2144 and Directives 2014/90/EU, (EU) 2016/797 and (EU) 2020/1828 (Artificial Intelligence Act).

https://op.europa.eu/en/publication-detail/-/publication/dc8116a1-3fe6-11ef-865a-01aa75ed71a1/language-en
Kelly, J.(2023.11.4). How companies are hiring and reportedly firing with AI. Forbes. https://www.forbes.com/sites/jackkelly/2023/11/04/how-companies-are-hiring-and-firing-with-ai
Lee, C.(2025). When your job interviewer isn't human. Time.
OECD(2024). Report on the Implementation of the OECD Recommendation on the Artificial Intelligence. https://one.oecd.org/document/C/MIN(2024)17/en/pdf
Stewart, A.(2025.6.28). Microsoft pushes staff to use internal AI tools more, and may consider this in reviews. 'Using AI is no longer optional'. Business Insider. https://www.businessinsider.com/microsoft-internal-memo-using-ai-no-longer-optional-github-copilot-2025-6

## 02
## 고용 분야에서 AI 활용의 위험성

AI를 활용하면서 발생하는 큰 위험성에 차별이 포함된다. AI의 분석 결과가 활용되는 방식에 따라 차별이 나타나는 정도나 차별의 위험성은 다를 수 있다.

노래하는 AI 보컬?

## 고용 분야의 AI 활용의 위험성

고용 분야에 AI를 활용하는 것은 효율성 측면에서 비용이나 시간을 절약할 수 있다. 동시에 AI의 판단이 적절하지 않은 경우에는 법적 그리고 윤리적 문제가 발생할 수 있다. 하지만 이러한 위험성은 AI에 의한 자동화된 의사결정 또는 분석 결과를 어떠한 방식으로 사용하는지에 따라 다르게 나타난다.

## 참고 자료 vs. 결정 자료

EU의 「개인정보 보호 규정」이 원칙적으로 금지하는 것은 인간의 의미 있는 개입이 없는 자동화된 의사 결정이다. 자동화된 의사 결정이라는 용어에서 알 수 있다시피 AI의 분석 결과가 결정 자료로 활용되는 경우 위험성이 매우 크다. 하지만 AI가 분석한 결과를 인간이 단순하게 참고하기만 한다면 AI 활용의 위험성은 비교적 낮을 것이다. 예를 들어, 앞서 살펴본 바와 같이 기업의 인사 담당자나 리크루터가 AI의 분석 결과를 바탕으로 본인이 직접 고용과 관련된 결정을 내리는 경우에는 AI의 분석 결과에 문제가 있더라도 사람이 이를 수정할 수 있기 때문에 위험성이 낮다.

반면 AI의 분석 결과를 바탕으로 면접 대상자를 결정

하거나, 면접 결과를 결정하거나, 인사 평가 결과를 확정하거나, 해고 여부를 결정한다면 AI 활용의 위험성은 상당히 높다. Uber의 경우처럼 AI를 활용하여 해고할 기사를 결정한다면 AI의 분석 결과가 잘못 되었을 때 법적 문제를 초래할 수 있다.

즉, AI의 분석 결과가 참고 자료로만 활용되기보다는 결정 자료로 활용될 때 AI 활용의 위험성이 더 클 수 있다. 2016년에 채택 및 발효되어 2018년부터 적용된 EU의 「개인정보 보호 규정」 관련 2016년 개정된 규정(2016/679)이 금지하는 자동화된 의사 결정(automated processing)은 법적 효과(legal effects)를 가지거나 유사한 중대한 효과(significant affects)를 초래하는 경우다.

## 수익적 행위 vs. 침익적 행위

AI의 분석 결과가 고용 분야의 결정 자료로 활용되더라도 이 분석 결과가 어떠한 역할을 하는지에 따라 위험성이 다를 수 있다. 행위는 크게 수익적(beneficial) 행위와 침익적(restrictive) 행위로 구분된다. 수익적(이익적 · 혜택적) 행위는 개인에게 권리나 이익을 부여하는 행위이며, 침익적(불이익적 · 제재적) 행위는 개인의 권리나 이익을 침해 또는 제한하거나 의무를 부과하는 행위를 의미한다.

일반적으로 AI의 분석 결과를 바탕으로 침익적 행위를 하는 경우에 수익적 행위를 하는 경우보다 위험성이 더욱 클 것으로 예상된다. 이로 인해 수익적 행위도 침익적 행위와 동일하게 공정성·차별 금지의 틀 안에서 통제되기는 하지만, 침익적 효과에 더 엄밀하게 절차적인 규제가 적용된다. 일반적으로 수익적 행위에 대해서는 사전 통지나 의견 청취의 절차가 없지만, 침익적 행위에 대해서는 사전 통지 및 의견 청취 절차가 필수적이다. 따라서 국제 규범은 침익적 효과를 야기할 수 있는 AI 등에 의한 자동화된 의사 결정에 보다 강화된 절차 보장과 인간 개입을 요구한다.

하지만 AI의 분석 결과가 고용 분야에서 활용되는 경우는 더욱 복잡하다. 예를 들어, AI의 결정에 따라 누군가가 면접 대상자로 선택되거나 채용된다면 다른 누군가는 면접의 기회조차 받지 못하고 채용되지 못한다. 따라서 해고보다 덜 민감하고 한 편으로는 수익적 행위로 보여지는 면접, 채용 등도 상대방에게는 침익적 행위일 수 있다.

즉, 행정법에서 말하는 수익적 행위와 침익적 행위는 처분 대상인 개인에게 미치는 효과를 기준으로 구분되지만, 다수를 대상으로 하는 행정 행위의 경우 처분 대상이 어디까지인지에 대한 판단이 모호할 수 있다. 따라서 고용 시장에서 기업의 구인 수요보다 구직자의 공급이 더 많은 경우에, 즉 선호되는 일자리, 직종 또는 직책의 경우에, AI를 활용한 결정은 침익적 행위로 연결될 수밖에 없을 것으로 보인다.

## AI의 위험성 : 통계적 차별

일반적으로 차별이란 자연인의 특성 등에 대한 강한 편견을 바탕으로 하므로, 선호에 의한 차별(taste-based discrimination)을 의미한다. 이러한 차별은 성별, 인종, 출신 지역, 장애 여부 등에 대한 선호 여부에 따른 차별이다. 이와는 다르게 통계적 차별(statistical discrimination)이란 개인에 대한 정보를 얻기 위해 그가 속한 집단의 정보를 이용할 때 발생하는 차별을 의미한다(오선정 · 이재갑, 2025). 개인에 대한 차별은 개인의 인권, 안전, 또는 경제적 기회를 제한하는 영향을 미치지만, 집단(group/community)에 대한 차별은 그 집단의 소속이기 때문에 다른 집단에 비해 다른 대우를 받는 영향을 미친다.

## AI의 고용 차별

고용 분야에서의 차별의 대상은 구직 지원자, 승진 후보자, 사내 포상 후보자 등이 될 수 있으며, 차별의 주체는 고용주, 후보자 평가위원 등으로 매우 다양하다. 아래에서는 채용 시 경제 주체를 고용주, 차별의 대상은 구직 지원자로 단순화하여 설명해 보자.

채용에서의 통계적 차별은 고용주가 구인 공고를 보고 지원한 사람이 이 일에 적합하며 잘할 수 있을 것인지 등에 관한 정보(생산성 등)를 얻기 위해서 그 지원자가 속한 집단(학력 수준, 출신 학교, 출신 지역, 성별, 혼인 상태 등)의 정보를 활용할 때 나타날 수 있다. 아마존 사례의 경우 일반적으로 기술직에는 남성이 적합하고 잘할 수 있다는 AI의 판단에 따라 여성 지원자에 대한 점수를 낮게 부여한 것이다. 따라서 아마존에 신규로 지원한 여성 지원자에 대한 실질적인 평가가 아니라 기존의 아마존 또는 다른 기업의 여성 직원에 대한 통계적 평가를 근거로 차별을 한 것이므로 통계적 차별이라고 볼 수 있다.

## 통계적 차별의 복합성

이처럼 채용에서 통계적 차별의 원인은 특정 지원자에 대한 생산성을 고용주가 예측할 때 그들이 속한 집단의 통계를 활용하는 것이기 때문에, 특정 지원자의 특징에 대한 선호를 바탕으로 하는 일반적인 의미의 차별과는 구분된다. 따라서 통계적 차별은 편견이 없는 고용주가 지원자의 생산성에 대해 합리적으로 판단한 결과로 해석될 수 있다.

그럼에도 불구하고 통계적 차별로 인한 고용주의 결정은 향후 데이터에 반영되고 그 데이터를 다른 고용주가 활용하기 때문에 통계적 차별로 인한 불평등은 선호에 의한 차별과 마찬가지로 지속될 수 있다.

통계적 차별은 이처럼 선호에 의한 차별과는 구분되면서도 지속될 수 있다는 점에서 유사하다. 또한 통계적 차별은 다른 분야에서의 차별의 결과일 수도 있다는 점에서 주의할 필요가 있다. 예를 들어, 여성 기술직에 대한 통계적 차별의 원인은 여성이 대학에서 어떠한 전공을 하는 것이 더 적합한 것인지에 대한 차별의 결과가 반영된 것일 수 있다. 여고생이 대학을 지원하면서 전공을 선택할 때 공과대학에 진학하는 것이 적절하지 않다는 사회의 편견에 따라 공과대학을 진학하는 사람이 적고, 이러한 대학 전공에 대한 통계적 차별의 결과가 여성 기술직 지원자에 대한 통계적 차별에 반영될 수 있다는 것이다.

## AI로 인한 통계적 차별의 가속화

차별은 기본적으로 해소되는 데 상당한 시간이 걸리는데, 데이터 기반 기계 학습(머신러닝)을 특징으로 하는 AI에서는 이러한 통계적 차별은 기계 학습을 통해 더욱 심화될 수 있다는 점에서 더욱 관심을 가질 필요가 있다. 물론 인간의 개입을 통해 AI가 활용하는 알고리즘을 수정하거나 분석하는 데이터를 수정하는 경우 통계적 차별이 완화될 수도 있다.

하지만 아마존의 경우 여성에 대해 중립적으로 평가하도록 알고리즘을 수정하여도 여성 전용 동아리의 가입이나 여자 대학 출신 등의 정보를 대신 활용하는 등 계속해서 여성에 대한 차별적인 판단을 내리는 다른 방법을 찾아냈다(한애라, 2019: 13). 이처럼 알고리즘이 결국 여성을 암시하는 다른 단어를 통해 여성을 다시 차별하였다는 것은 인간이 AI의 분석 알고리즘을 개선하는 것이 쉽지 않은 것을 보여 준다. 또한 데이터 자체에 차별이 반영되어 있다면 기계 학습으로 인해 AI의 알고리즘을 차별을 완화시키는 방향으로 개선하기는 쉽지 않다.

즉, 선호에 의한 차별이 완화되어 이러한 완화된 차별 수준이 데이터에 반영되는 속도나 인간이 AI 알고리즘의 차별을 발견하고 이것을 수정하는 속도보다 AI가 통계적 차별이 반영된 분석 결과를 생성하는 속도가 더 빠를 수 있다.

## 참고문헌

오선정·이재갑(2025). "인공지능 기반 고용서비스의 통계적 차별 가능성 연구: 잡케어 시스템을 중심으로". 《노동정책연구》, 25(1), 33~66쪽.

한애라(2019). "인공지능과 젠더차별". 《이화젠더법학》, 11(3), 1~39쪽.

European Union(2016). Regulation (EU) 2016/679 of the European Parliament and of the Council of 27 April 2016 on the protection of natural persons with regard to the processing of personal data and on the free movement of such data, and repealing Directive 95/46/EC (General Data Protection Regulation) (Text with EEA relevance). https://eur-lex.europa.eu/eli/reg/2016/679/oj/eng

## 03
# AI의 차별

AI의 분석 결과는 알고리즘을 활용하기 때문에, 또 알고리즘에 개발자의 편견이 반영되어 있기 때문에, 분석하는 데이터가 편향성을 지니거나 절단되어 있는 등의 이유로 편향성을 가질 수 있다.

인공지능과 편향?

## 정책 결정의 주체에 따른 특징 비교

표 3-1은 정책 결정의 주체를 전문가, 알고리즘 및 AI로 구분하여 그 특징을 정리한다. 정책 결정의 근거를 비교하면 전문가 기반 정책 결정은 인간의 경험과 전문성에 근거하지만 알고리즘 기반 정책 결정은 알고리즘의 지능, 학습력 및 판단력에 근거하고, AI 기반 정책 결정은 객관적 데이터와 기계 학습에 근거한다. 또한 전문가 기반 정책 결정은 인간의 지능, 학습력 및 판단력에 근거하고 직관과 창의력을 활용하지만 알고리즘 기반 정책 결정은 알고리즘의 분류, 비교, 대조 능력을 활용하고, AI 기반 정책 결정은 AI가 내리므로 인간의 오류를 배제하지만 기계의 오류를 가지고 있다.

정책 결정의 주체를 비교하면 전문가 기반 정책 결정은 정책 분석과 정책 결정을 인간이 하고, 알고리즘 기반 정책 결정은 정책 분석은 기계가 하지만 최종 결정은 인간이 하고, AI 기반 정책 결정은 정책 결정을 AI가 하므로 정책 결정이 무인화 · 자동화된다.

상대적으로 가장 추구하는 가치는 전문가 기반 정책 결정의 경우는 민주성과 정치성, 알고리즘 기반 정책 결정의 경우는 효율성, AI 기반 정책 결정의 경우는 합리성이다.

**표 3-1** 정책 결정의 주체에 따른 특징

| 전문가 기반 정책 결정 | 알고리즘 기반 정책 결정 | AI 기반 정책 결정 |
|---|---|---|
| · 인간의 경험/전문성에 근거<br>· 인간의 지능/학습력/판단력에 근거<br>· 인간의 직관/창의력 활용<br>· 정책 결정시 민주성, 정치성 고려 | · 알고리즘의 지능/학습력/판단력에 근거<br>· 알고리즘의 분류·비교·대조 능력 활용<br>· 정책 분석은 기계, 최종 결정은 인간<br>· 정책 결정의 효율성 중시 | · 객관적 데이터와 기계 학습에 근거<br>· 인간의 오류 배제, 기계의 오류 함축<br>· 정책 결정의 무인화/자동화<br>· 정책 결정의 합리성 극대화 |

출처: 윤상오 외, 2018: 43쪽.

## AI 분석 결과에서 차별이 나타나는 이유

앞서 살펴본 AI 기반 정책 결정의 특징으로 인해 이론적으로 AI의 분석 결과에서 통계적 차별이 나타나는 것은 피할 수 없다고 한다. 통계적 차별의 원인에는 알고리즘의 활용, 분석 자료의 편향성과 절단 등 분석 자료의 한계 등이 포함된다.

분석 자료의 편향성과 절단 문제는 이론적인 원인이라기보다는 현실적인 한계라고 볼 수 있다. 하지만 분석 자료에 편향성이 없다고 하더라도 알고리즘의 활용 때문에 AI의 분석 결과에는 통계적 차별이 반영된다. 또한 알고리즘에 개발자의 선호에 의한 편견이 포함되어 있다면 이는 AI의 분석 결과에서 나타난다.

## 알고리즘의 활용

AI 시스템이 수행하는 주요 기능 중 예측(prediction)이 있다. 예측은 과거와 현재의 행동을 바탕으로 미래를 추측하는 것, 단순히 시스템에 제공된 알려진 가치(입력, input)로부터 알 수 없는 가치(출력, output)에 대해 추측하는 것을 의미한다(채기현, 2024.5.30).

AI 시스템을 바탕으로 과거나 현재의 자료를 파악하는 데 오류가 있다면 이는 잘못된 정보나 조작이라는 AI 시스템의 또 다른 문제일 수도 있다. 하지만 미래를 예측하면서 발생하는 문제는 차별이다.

AI 시스템은 미래를 예측하기 위해서 데이터를 통해 스스로를 훈련하며, 많은 데이터에서 통계적 구조를 찾아 그 작업을 자동화하기 위한 규칙을 생성한다(안준모, 2021: 8~9). 그 규칙을 알고리즘이라고 부른다.

이러한 알고리즘을 활용하면서 알고리즘을 기반으로 하는 AI의 분석 결과에 통계적 차별이 발생한다(Desiere & Struyven, 2020). 알고리즘의 활용 자체는 알고리즘 기반 정책 결정과 AI 기반 정책 결정에서 공통된 차별의 원인이다.

하지만 AI가 예측을 위해 알고리즘을 활용하는 것 자체 때문에 통계적 차별이 발생하는 것이지 분석 자료나 알고리즘에 문제가 있어서 차별이 발생하는 것은 아니다. 예를 들어, 노동시장에서 차별이 존재하지 않는다고 하더라도, 즉 알고리즘의 분석 자료에 문제가 없다고 하더라도, AI 시스템의 분석에서 이민자나 고령자와 같은 노동시장 취약 계층은 평균적인 구직자보다 고위험 구직자로 분류될 가능성이 커서 통계적 차별의 대상이 된다(Desiere & Struyven, 2020). 또한 알고리즘에 편향성이 반영되는 등의 문제가 없더라도 차별이 발생한다. 이러한 이유로 통계적 차별과 알고리즘의 편의(algorithmic bias)는 깊은 관련성이 있다.

AI 또는 기계 알고리즘은 자료의 변수 간 관계를 학습하며 변수 간의 상관관계(correlation)를 학습하는데, 그 과정에서 변수 간의 관계를 예측하고, 관계를 예측할 변수가 없다면 유사한 변수를 대리로 사용하며 이 과정에서 통계적 편의가 발생한다(Williams et al., 2018: 83).

## 분석 자료의 편향성

AI는 데이터를 학습해서 알고리즘을 구축하기 때문에 분석하는 데이터가 편향되어 있다면 알고리즘은 편향성을 가질 수밖에 없다.

하지만 AI가 분석하는 빅데이터 자체가 빈곤, 지리적

위치, 삶의 방식 등의 이유로 특정한 사람들을 포함하지 않아 작위적(nonrandom)이고 체계적으로 일부 사람들을 포함하지 못한다(Peppet, 2011). 따라서 빅데이터에서 반영되는 사회는 근본적으로 편향성을 가질 수밖에 없다(Williams et al., 2018).

모집단의 특정 집단을 과소 또는 과대 표집하는 표본의 편향성 이외에도, 대표적인 분석 자료의 편향성으로 측정 편향이 있다. 측정 편향은 자료 수집 과정에서 체계적으로 특정 집단의 특성에 대한 정보가 잘못된 방식으로 변수가 기록되는 것을 의미한다. 잘못된 정보나 조작 문제는 무작위로 편향이 발생하는 것과는 달리, 측정 편향은 실제 현상과 다르게 체계적으로 오류(systematic error)가 발생하는 것을 의미한다. 측정 편향의 예시로는 짙은 피부색을 가진 환자의 혈중 산소 포화도를 실제보다 높게 측정하는 경향 등이 있고, 이러한 측정 오류는 이들에 대한 지연된 진단과 치료로 연계된다(Davis, 2024.3.11). 또한 표본 편향은 측정 편향으로 연계되기도 한다. 예를 들어, 아마존의 AI 채용 도구가 여성의 직무 적합성에 낮은 점수를 부여한 이유는 과거의 이력서 데이터에 남성이 압도적으로 많이 채용되었기 때문일 수도 있다.

마지막으로 AI가 분석하는 데이터는 이미 통계적 차별의 결과를 반영한 데이터일 수 있다. 아마존에서 기술자를 채용 시 여성에 대한 차별이 나타난 이유는 기존의 아마존 직원에 대한 자료를 AI가 분석한 결과다. 그리고 아마존에서 여성 기술자가 적었던 이유는 여성이라는 집단에 대한 교육과 노동시장에서의 통계적 차별을 반영한 결과였을 것이다.

## 분석 자료의 절단

자료 절단(censored data)이란 자료의 일부가 의도적으로 또는 의도하지 않게 존재하지 않는 경우를 의미한다. 따라서 정보를 파악하고자 하는 집단(모집단)의 특성을 가지고 있는 자료에서 모집단의 전부가 아닌 일부에 대해서만 파악할 수 있다는 편향성과는 약간 다른 문제다.

예를 들어, 자료 절단 문제는 실업 기간이 실업 급여 수급일까지만 파악되는 등 자료가 조사될 수 있는 기간의 절단이 있는 경우에 나타날 수 있다. 실직자의 실업 기간은 훨씬 더 길겠지만 행정 자료에서 실업 일수는 실업 급여 수급일까지만 파악될 수 있다. 이러한 분석 자료의 절단으로 인해 행정 자료에 기반한 노동시장 자료는 자료의 적절성이 높지 않다.

또한 자료 수집의 어려움 등으로 분석할 자료의 절대량이 충분하지 않은 경우에도 AI의 분석 결과에 문제가 생긴다(윤상오, 2018).

## 이상치의 예측에 대한 한계

이러한 자료 자체의 한계 이외에도 자료 분석을 통한 예측 자체가 노동시장의 취약 계층보다는 평균적인 사람을 예측하는 데 더욱 적합할 수 있다(Desiere et al., 2019). 통계 예측은 일반적으로 극단의 값을 가지는 이상치(outlier)보다는 평균적인 변수의 값을 가진 사람(average)을 예측하는 데 적합하다. 따라서 분석 자료가 확보된다고 하더라도 극단의 값을 갖는 노동시장의 취약 계층에 대한 분석의 예측력은 떨어질 수밖에 없다(오선정 · 이재갑, 2025).

하지만 일반적으로 정부의 정책이란 시장 실패를 극복하고자 하는 목적으로 시행되며, 시장 실패를 겪는 사람들은 취약 계층, 곧 자료의 이상치다. 따라서 정부 정책의 시행 시 AI 시스템을 활용해서 이상치인 취약 계층에 대한 예측을 하는 결과보다는 평균치에 대한 예측을 한 결과가 더욱 적정성을 가질 수 있다.

## 알고리즘 개발자의 편견

AI 알고리즘의 경우에는 최초에 인간이 개발한 알고리즘을 AI가 학습한 후 이를 스스로 변화시키는 경우도 있고, 처음부터 인간의 개입 없이 AI가 스스로 데이터를 기계 학습하여 알고리즘을 구축하기도 한다.

전자인 인간이 만든 알고리즘을 기반으로 AI가 데이터를 학습하는 경우에 이러한 분석 알고리즘 자체를 이념적 편향이나 편견을 갖고 있는 개발자가 편향되게 설계한다면 정책 결정에 필요한 지식과 정보의 산출을 더욱 왜곡시켜 정책 결정의 편향과 직결된다(윤상오 외, 2018). 즉, AI의 알고리즘이 개발자의 선호에 의한 차별을 반영한다면 AI의 분석 결과에도 선호에 의한 차별이 반영될 수 있다(OECD, 2022). 실제로 이미 다양한 알고리즘에는 기득권자인 개발자의 편견이 반영되어 있을 가능성이 있다(윤상오, 2018). 또한 알고리즘 자체가 편향성을 가지게 설계되었다면 기계 학습으로 알고리즘이 더욱 편향되게 변해서 통계적 차별의 가능성이 더욱 커진다.

후자인 인간의 개입이 없이 AI가 스스로 데이터를 기계 학습하여 알고리즘을 구축한다면 알고리즘 개발자의 선호에 의한 차별이 나타날 여지는 없다. 하지만 분석하는 데이터 자체가 편향성을 가지거나 알고리즘을 사용하는 것 자체로 인해 통계적 차별이 발생할 수 있다.

즉 통계적 차별이 발생할 가능성은 AI 알고리즘을 인간이 최초에 개발한 경우에도 또는 인간의 개입 없이 구축한 경우에도 동일하게 나타난다. 다만 알고리즘 개발자의 편견에 따른 선호에 의한 편견은 AI가 활용하는 알고리즘이 최초에 인간에 의해 개발되었을 경우에 나타난다(오선정 · 이재갑, 2025).

## 편향성의 지속 가능성

AI 기반 도구는 학습을 통해 점차 예측 결과가 나아질 가능성도 있다. 따라서 AI 시스템의 분석 결과가 초기에 편향성을 보이더라도 자체적으로 개선되기도 한다.

반면, AI 시스템의 분석 자료가 편향되어 있거나 알고리즘 자체에 체계적인 오류가 존재한다면 예측 결과는 반대로 지속적으로 악화될 수도 있다. 따라서 AI 시스템의 분석 결과의 편향성이 강화될 수도 있다.

AI 시스템이 스스로의 학습을 통해 편향성을 극복하는 것 이외에도, AI 시스템에 대한 전반적인 관리와 개선을 통해 AI의 분석 결과의 편향성을 극복할 수도 있다.

## 참고문헌

안준모(2021). "인공지능을 통한 행정의 고도화: 기회와 도전". 《한국행정연구》, 30(2), 1~33쪽.

오선정·이재갑(2025). "인공지능 기반 고용서비스의 통계적 차별 가능성 연구: 잡케어 시스템을 중심으로". 《노동정책연구》, 25(1), 33~66쪽.

윤상오(2018). "인공지능 기반 공공서비스의 주요 쟁점에 관한 연구: 챗봇(ChatBot) 서비스를 중심으로". 《한국공공관리학보》, 32(2), 83~104쪽.

윤상오 외(2018). "인공지능을 활용한 정책 결정의 유형과 쟁점에 관한 시론". 《한국지역정보화학회지》, 21(1), 31~59쪽.

채기현(2024.5.30). "OECD AI 시스템 정의 개정의 주요 내용 및 시사점". 《디지털 법제 Brief》. 한국지능정보사회진흥원.

Davis, N.(2024.3.11). UK report reveals bias within medical tools and devices. The Guardian. https://www.theguardian.com/society/2024/mar/11/medical-tools-devices-healthcare-bias-uk

Desiere, S. et al.(2019). Statistical profiling in public employment services: An international comparison. OECD Social, Employment and Migration Working Papers, 224.

Desiere, S. & Struyven, L.(2020). Using artificial intelligence to classify jobseekers: The accuracy-equity trade-off. SPSW Working Paper.

OECD(2022). OECD Framework for the Classification of AI systems. OECD Digital Economy Papers, 323. https://doi.org/10.1787/cb6d9eca-en

Peppet, S. R.(2011). Unraveling Privacy: The Personal Prospectus and the Threat of a Full-Disclosure Future. *Northwestern*

*University Law Review, 105*(3), pp.1153~1204.
Williams, B. A. et al.(2018). How Algorithms Discriminate Based on Data They Lack: Challenges, Solutions, and Policy Implications. *Journal of Information Policy, 8*, pp.78~115.

## 04
## 디지털 고용서비스의 AI 활용

디지털 고용서비스는 고용서비스의 집중적인 지원 대상을 발굴하는 데 기여하기 때문에 사중손실(Deadweight Loss)을 줄여 고용서비스의 효율성을 높인다고 평가받고 있다. 특히 고용서비스에서 AI를 활용하기 시작하면서 AI의 분석 결과에 따라 구직자별 맞춤형 정책 수단 등이 결정되고 있다.

청각장애인과 AI?

## 공공 고용서비스의 정의

공공 고용서비스(Public Employment Service, PES)는 구직자의 취업과 기업의 채용을 지원하고 적극적 노동시장 정책을 계획하고 실행함으로써 노동시장이 원활하게 작동하게 한다(오선정 외, 2024). 공공 고용서비스와 민간 고용서비스는 서비스를 제공하는 주체가 공공 부문인지 민간 부문인지에 따라 구분된다.

고용서비스의 주요 기능에는 취업 알선, 노동시장 정보 제공, 노동 수요·공급의 조절을 목표로 하는 노동시장 프로그램의 운영 및 실업자 소득 지원 프로그램 운영 등이 포함된다(Baptista et al., 2016). 이러한 점에서 고용서비스는 산업 구조의 변화 등이 발생하는 경우 실업 문제에 대응하는 주요 정책으로써 노동시장의 안정과 원활한 작동에서 중요한 역할을 한다(오선정 외, 2024).

AI가 등장하면서 시장에서의 수요가 감소하는 직종에서 일자리를 잃는 사람들이 나타나고 있다. 이와 같은 변화에 직업 훈련과 새로운 직종에 대한 일자리 추천 등을 통해 정책적으로 대응할 필요가 있는데 그 대응의 핵심에도 AI가 중요한 역할을 할 수 있다.

## 고용 정책과 공공 고용서비스(PES)

정부의 고용 정책은 개입 정도에 따라 크게 적극적(Active) 노동시장 정책과 소극적(Passive) 노동시장 정책(실업 급여 등)으로 구분할 수 있다. 공공 고용서비스는 구직자가 일자리를 구하는 것과 기업이 사람을 구하는 것을 지원하고 적극적 노동시장 정책을 계획하고 실행하는 것을 의미한다(오선정 외, 2022: 2).

이 책에서는 공공 고용서비스(PES)를 고용서비스로 지칭하고 정부에서 서비스를 제공하는 대상을 기업보다는 사람을 위주로 설명한다. 하지만 실제 공공 고용서비스 정책은 사람만을 지원하는 것이 아니라 사람을 뽑고자 하는 기업도 사업주 훈련 지원과 같이 다양한 방식으로 지원하고 있다.

## AI 확산에 따른 정부 정책의 변화

정책 환경의 변화는 기존 정책의 수정뿐 아니라 새로운 정책에 대한 수요를 창출하고, 정책의 내용과 과정에 일정한 제약과 한계를 설정하며, 특정한 정책을 발안하고 수용하는 일정한 조건을 조성한다(강근복 외, 2022). 신기술의 등장이라는 정책 환경의 변화에 따라 4차 산업혁명 시대에 기존 정부 정책의 효과성이나 효율성을 높이기 위해 어떻게 AI 등의 신기술을 결합할 수 있는지에 대한 연구가 다수 진행되어 왔다(김태환 외, 2023; 오미애 외, 2019; 오미애 외, 2020; 이혜정 외. 2021). 특히 빅데이터를 활용해 AI가 정책의 사각 지대를 발굴할 수 있다는 기대가 확산되면서 빅데이터 및 AI의 활용은 정부의 고용 정책에서 쉽지 않게 찾아볼 수 있다.

새로운 정책 환경의 변화에 따라 기존 정책이 수정되고, 새롭게 도입되는 정책이 기존 정책과 함께 융합될 때 정책의 효율성이 높아질 수 있다. 새로운 상황에 대한 종합적인 분석을 바탕으로 설정된 정책 목표에 따라 최적의 대안을 선택할 때 디지털 정책의 효율성이 높아지기 때문이다.

최신 디지털 변화의 핵심은 AI의 등장이므로 AI를 활용한 고용서비스 정책을 추진하는 것은 피할 수 없고, 정책의 과제는 AI를 어떻게 현명하게 활용하는 지에 있다.

## 디지털 고용서비스(Digitalized PES)

고용서비스 분야에서 관찰되는 가장 큰 정책 환경의 변화는 디지털 고용서비스의 도입이다. 고용서비스는 서류 형태로 존재하는 정보를 디지털 형태로 전환하는 디지트화를 거쳐, 서비스와 프로세스를 디지털로 처리하는 디지털화로 나아가고 있다(이우영 외, 2023). 이러한 고용서비스의 디지털화를 디지털 고용서비스라고 부른다.

디지털 고용서비스와 그동안 활용하던 용어인 온라인 고용서비스는 다소 차이가 있다. 온라인 고용서비스는 기존 행정 절차를 온라인으로 대신하는 것을 의미하며, 디지털 고용서비스는 고용서비스의 제공 수단이나 내용 등을 디지털로 결정하고 디지털로 전달하는 것을 의미한다(오선정 · 이재갑, 2025). 즉 디지털 고용서비스에는 앞서 살펴본 AI에 의한 자동화된 의사 결정의 개념이 포함될 수 있다. 반면, 온라인 고용서비스는 자동화된 의사 결정이라기보다는 프로세스만을 디지털에서 처리하도록 하는 것을 의미한다.

## 디지털 고용서비스의 기능

OECD(2022)는 디지털 고용서비스의 기능을 구직자 수요 파악 및 지원의 세분화, 구직자 서비스와 정책 수단의 디지털화 및 노동 수요와 공급의 연결로 구분한다(OECD, 2022).

구체적으로 디지털 고용서비스는 진로 상담, 직업 훈련, 취업 알선 등과 같이 일자리를 찾는 사람과 직원을 구하는 기업을 연계하기 위한 고용서비스의 내용을 사람이 아닌 디지털이 대신 전달한다. 단순한 전달에서 더 나아가 AI나 통계적인 방법으로 진로 상담, 직업 훈련, 취업 알선 중 어떠한 서비스를 제공할지를 결정하지도 결정한다. 따라서 AI나 통계적인 방법 등이 의사 결정을 대신하는 측면에서 비용과 시간 측면에서의 효율성이 증대될 가능성이 크다.

이와 같이 디지털 고용서비스의 핵심은 고용서비스 정책 대상자의 특성에 따라 적합한 고용서비스 정책과 수단을 디지털로 선정하고 전달하는 것이라고 할 수 있다. 이 과정에서 프로파일링과 같은 AI 시스템의 분석 결과가 활용된다.

## AI와 디지털 고용서비스

코로나19 팬데믹 이후 공공 고용서비스의 디지털화는 가속화되었다(OECD, 2022). 한국에서도 워크넷, HRD-Net, STEP 등 디지털 고용서비스가 코로나19 이전부터 확대되고 있었다. 최근에는 AI · 빅데이터 등 첨단 기술을 활용한 디지털 도구가 많이 개발되어 고용서비스에서 활용되고 있다.

ILO(2022)에 따르면 디지털 고용서비스의 미래는 AI의 도입, 클라우드 기반 서비스와 기계 학습의 활용에 있다. 이러한 요소는 미래가 아니고 현재 활발하게 사용되고 있으며, 그 활용 정도와 영향력이 얼마나 커질지에 대해서 예측하기 어렵다.

## AI 기반 고용서비스의 활용

AI의 발달로 인해 이전에 구축된 다양한 통계 자료 및 행정 자료를 기계 학습한 결과를 바탕으로 구직자에게 개인화된 서비스를 제공하고 있다. 이러한 AI 기반 고용서비스는 구직자의 고용 저해 요인을 파악하여 이들의 노동시장 결과를 예측하고 구직자에게 지원할 적극적 노동시장 정책의 수단을 세분화한다(OECD, 2022).

구체적으로 AI 기반 고용서비스의 도구(AI tools in PES)에는 프로파일링(통계적 유형화), 빈 일자리의 발굴, 개별 구직자에게 적합한 구인 공고를 찾아주는 취업 알선, 구직자의 취업 가능성 예측(mapping jobseekers' distance to occupations), 챗봇을 통한 정보와 상담의 제공, 부정 예측 및 지원 절차의 정확성 확인(detecting fraud and assuring quality) 등이 포함된다(OECD, 2022: 7). 이러한 AI 기반 고용서비스 도구를 활용해서 단순 업무에 대한 의사 결정을 AI가 대체하여 업무 효율성이 증대되고, AI의 분석 결과에 따라 구직자 맞춤형 서비스가 제공되고 있다.

## AI 기반 고용서비스와 자동화된 의사 결정

앞서 살펴본 바와 같이 기업이 고용 전반에서 AI를 활용 시 채용에 대한 자동화된 의사 결정 도구가 활용되기도 한다. 디지털 고용서비스에서 AI를 활용하여 사람과 기업을 연계하는 일자리 매칭은, 기업이 채용에서 자신의 회사에 가장 적합한 후보자가 누구인지에 대해 자동화된 의사 결정을 활용하는 것과 유사한 측면이 있다. 즉, 고용서비스의 취업 알선에서 기업과 정부가 AI를 활용하는 방식이 가장 유사하게 나타난다. 또한 기업이 AI가 분석한 인사 평가의 결과를 통해 직원들에게 더욱 적합한 업무 분야를 발굴하는 것과 유사하게 디지털 고용서비스의 직업 훈련 분야에서도 AI를 활용해서 사람에게 가장 적합한 훈련 과정 등을 추천한다.

이러한 유사성으로 인해 AI의 고용 차별에 대해 대응하는 방법도 민간 부문과 공공 부문에서 유사할 것이다. 다만, 그 방법을 강제하거나 AI가 차별에 적극적으로 대응하도록 실효성 있게 활용될 여지는 공공 부문에서 훨씬 클 수 있다.

## 고용서비스에서 AI 활용의 기회

전통적으로 고용서비스에서 일자리가 없는데 찾고 있는 사람(구직자)이나 일자리가 현재 없는 사람(실직자)을 대상으로 직업 상담사라고 불리는 사람이 서비스를 제공해 왔다. 직업 상담사는 구직자나 실직자에게 새로운 일자리를 찾도록 구직 의욕을 높여 주는 상담을 진행하기도 하며, 필요한 경우 일자리를 찾을 수 있게 직업 훈련이나 다른 프로그램에 참여하도록 추천하기도 한다. 또 어떤 일자리에 취업하는 것이 적합한지 파악한 후 구인 공고 등을 추천하는 역할을 한다.

일반적으로 직업 상담사는 구직자나 실직자와 만날 시간과 장소를 결정한 후 대면으로 상담을 진행하고 있다. 직업 상담사와 상담을 진행할 때 사전에 정해 놓은 설문지에 대해 웹사이트 등을 통해서 답변하도록 한 후 이것을 바탕으로 상담을 진행하는 것만으로도 많은 시간과 비용을 절약할 수 있다. 이처럼 구직자나 실직자를 직업 상담사가 직접 만나는 것을 대신하여 온라인상에서 상담을 진행하고 상담 내용을 전달하는 온라인 고용서비스의 활용만으로도 정책의 효율성이 높아질 수 있다.

이처럼 단순한 행정 절차(프로세스)의 디지털화(전산화)를 의미하는 온라인 고용서비스도 상당히 효율성을 높일 수 있다는 평가를 받는다. 따라서 여기에서 더 나아가 직업 상담사가 해 온 판단 자체를 AI가 대신 해 준다면 직업 상담사의 인건비를 절약할 수 있고, 상담을 제공하는 장소 등에 대한 비용을 절약할 수 있으므로 비용 측면에서의 효율성은 더욱 높아질 것으로 예상된다. 물론 그 판단 내용이 적합하다면 말이다.

## AI 기반 고용서비스의 장점

디지털 고용서비스는 고용 정책의 비용적 효율성을 증가시킬 수 있다는 평가를 받는다. 또한 구직자 맞춤형 정책을 제공할 수 있다는 측면에서 고용서비스의 효과성도 증대시킬 수 있다. 예를 들어, 고용서비스 정책에서 AI를 활용해서 이미 구축되어 있는 다양한 통계 자료 및 행정 자료를 기계 학습한 결과를 바탕으로 구직자에게 맞춤형 서비스를 제공할 수 있다. 이로 인해 AI 기반 고용서비스가 고용서비스의 효과성을 더욱 증대시킬 수 있을 것이라는 기대를 받고 있다.

또한 새로운 기술을 적용하고 있는 고용서비스는 행정 절차(프로세스)의 자동화를 통해 민원인의 만족도와 접근성을 높이고, 업무의 투명성을 높일 수 있으며, 반복되는 업무를 처리하는 시간을 절약하여 도움이 필요한 구직자 등에 직업 상담사의 시간을 집중시키는 장점을 갖는다(ILO, 2022).

실제 한국에서도 코로나19의 확산으로 실업 급여를 받기 위한 절차인 실업 인정이 온라인으로 구직 활동을 증명할 수 있는 서류를 제출하는 것으로 대체할 수 있었을 때 직업 상담사 등의 업무 부담이 상당히 경감되었다는 평가를 받는다(오선정 · 이재갑, 2025).

## 참고문헌

강근복 외(2022). 《정책학》. 대영문화사.

김태환 외(2023). "디지털 고용서비스 활성화를 위한 고용 센터 개선 방안". 한국고용정보원.

오미애 외(2019). "빅데이터 기반 보건복지정책과 기술 간 융합 체계 구축". 한국보건사회연구원.

오미애 외(2020). "빅데이터 기반 보건복지정책과 기술 간 융합 체계 구축(II)". 한국보건사회연구원.

오선정 외(2022). "한국 고용서비스의 발전과정 최신 전달체계 및 발전방향". 한국노동연구원.

오선정 외(2024). "대내외 경제위기에 따른 한국 공공 고용서비스 정책의 변화". 《노동정책연구》, 24(1), 1~29쪽.

오선정·이재갑(2025). "인공지능 기반 고용서비스의 통계적 차별 가능성 연구: 잡케어 시스템을 중심으로". 《노동정책연구》, 25(1), 33~66쪽.

이우영 외(2023). "정부의 디지털 고용서비스 고도화에 관한 연구". 《실천공학교육논문지》, 15(2), 233~241쪽.

이혜정 외(2021). “빅데이터 기반 보건복지정책과 기술 간 융합 체계 구축(Ⅲ)”. 한국보건사회연구원.

Baptista, D. et al.(2016). The World of Public Employment Services: Challenges, Capacity and Outlook for Public Employment Services in the New World of Work. https://www.oecd.org/en/publications/the-world-of-public-employment-services_9789264251854-en.html

ILO(2022). Technology Adoption in Public Employment Services: Catching Up with the Future. Global Report.

OECD(2022). OECD Framework for the Classification of AI systems. OECD Digital Economy Papers, 323. https://doi.org/10.1787/cb6d9eca-en

## 05
## AI 기반 고용서비스의 통계적 차별

직업 상담사가 구직자에게 상담을 통해 추천하던 일자리와 직업 훈련 등의 내용을 AI의 분석 결과를 바탕으로 도출하면서 차별 문제가 발생하고 있다.

AI 콘텐츠 크리에이터?

## 고용서비스와 AI

일상적이고 반복적인 고용서비스 업무에 대한 프로세스를 자동화 또는 디지털화했던 시기에는 AI 등의 기술 변화가 정책의 효율성을 높이는 장점이 부각되었다. 예를 들어, 직업 상담사와의 상담 날짜를 예약하는 것을 고용센터에 방문해서 하는 것이 아니라 누리집에서 직접 하거나, 개인정보를 입력하는 절차를 직접 직업 상담사를 만나서 입력하도록 하는 것이 아니라 온라인으로 하도록 하면서 직업 상담사의 업무 부담이 줄었다. 구직자도 고용 센터에 직접 가서 상담 일정을 잡거나 상담 시간에 설문에 응답하는 번거로움이 줄었다. 이는 시간과 비용의 측면에서 상당히 효율적이다.

고용서비스 정책의 주된 기능에는 일을 구하는 사람(구직자)에게 특정 교육 훈련을 받거나 특정 업종의 일자리에 지원하도록 안내하는 것이 포함된다. 전통적으로 이 역할은 직업 상담사가 해 왔는데 이들은 구직자의 학업 수준, 자격증 보유 여부, 일자리 경험 등을 바탕으로 이러한 안내를 한다. 물론 그 과정에서 그 사람에 대한 정보를 완벽하게 파악해서 분석하는 것은 불가능하므로 제한된 정보를 분석해서 이러한 결정을 내릴 수밖에 없다. 최근에는 알고리즘이나 기계 학습을 통해 AI가 고용서비스의 수단이나 제공 정보 등에 대한 정책 결정을 하기 시작하면서 부작용인 통계적 차별에 대한 문제가 나타나고 있다.

## AI 기반 고용서비스에서 차별의 위험성

인간인 직업 상담사가 하던 역할을 단순히 AI가 대체하는 것인데 왜 고용서비스 프로세스의 자동화나 디지털화와 마찬가지로 효율성에 대한 좋은 평가만 있는 것이 아닐까? 그 이유는 제한된 정보를 처리하는 과정에서 인간과 AI 시스템의 역할이 다르기 때문일 수 있다.

직업 상담사의 경우 구직자를 직접 만나서 상담하면서 본인이 직접 파악하지 못하는 자료에 대해서 파악할 수 있다. 물론 구직자가 새롭게 제공한 정보 또는 상담 과정에서 직업 상담사가 직접 파악한 구직자의 열망이나 동기 등이 부정확할 수 있다. 하지만 면담 과정에서 얻은 다양한 추가 정보는 기존의 정보를 보완하고 이를 바탕으로 평가 결과가 대체로 더 적합해질 수 있다. 또한 직업 상담사는 대체로 경험이 쌓이면서 더 나은 판단을 내린다.

반면 고용서비스 분야에서 AI의 결정은 제공된 정보만을 AI 시스템이 분석하기 때문에 직업 상담사가 개입하기 전까지 이를 더 나은 방향으로 수정할 여지가 거의 없다. 즉, 제한된 정보를 분석한다는 사실은 인간인 직업 상담사와 AI 시스템에서 동일하지만 이를 개선할 수 있는 여지가 있는지에서 차이가 생긴다. 물론 AI 분석 결과에 인간의 전문성이 반영된다면 AI의 분석 결과도 개선될 여지가 있다.

## AI 기반 고용서비스에서 차별의 파급 효과

이처럼 구직자의 성별, 보유 자격증 등의 제한된 정보를 분석하는 AI 시스템을 활용하는 것은 특정 집단을 고위험 구직자로 편향되게 분류하는 통계적 차별이 발생할 여지가 매우 크다. 예를 들어, 일반적으로 택배업에 종사하는 비율이 높은 저학력 남성이 구직하는 경우 빅데이터와 AI 기반 고용서비스는 이들에게 택배업에 대한 일자리 정보를 추천할 수 있다. 하지만 추천된 단순 서비스직의 일자리가 해당 구직자에 적합하지 않다면 구직자의 특성에 맞는 더 좋은 일자리에 취업할 기회를 낮출 수도 있다.

즉, AI 기반 고용서비스가 개인 맞춤형으로 제공하는 직업 훈련, 일자리 등의 내용이 편향되었다면 정책이 혜택을 주는 것이라고 여겼던 정책 수혜지 또는 정책 대상자의 직업 및 경제적 기회를 제한할 여지가 있다. 앞서 살펴본 바와 같이 노동권이 포함된 경제적 권리는 인간의 기본권에 포함되는 것이므로, AI 시스템이 지켜야 할 근본적인 가치다. 이러한 측면에서 공공에서 제공하는 AI 기반 고용서비스 정책은 설계 시 통계적 차별을 방지하는 장치를 마련하는 것이 필수적이다.

## AI와 프로파일링(통계적 유형화)

고용 분야에서 AI 시스템의 분석 결과에 통계적 차별이 나타날 가능성은 프로파일링을 통해 어떤 집단이 평균적으로 특정 종류의 일자리에 채용될 확률이 낮다면, 그 집단에 속한 개개인도 그 일자리에 채용될 확률이 낮다고 판단할 때 발생될 여지가 크다(오선정 · 이재갑, 2025). 즉, 통계적 차별은 프로파일링의 분석 결과에서 나타날 여지가 크며, 단순한 통계 분석보다는 AI 기반 통계적 유형화에서 더욱 유발될 수 있다(Desiere & Struyven, 2020).

앞서 AI의 분석 결과에서 편향성이 나타나는 원인에 대해서 살펴본 바와 같이 이러한 차별은 AI가 단순히 통계적 차별을 반영하고 있는 자료를 활용해서가 아니라 알고리즘 등을 활용하는 것 자체에 의한 것이다(Desiere & Struyven, 2020).

## AI 기반 고용서비스와 통계적 차별

프로파일링을 활용하지 않더라도 AI의 알고리즘에 의한 판단은 통계적 차별 또는 알고리즘 편의를 발생시킨다. 하물며 AI가 프로파일링을 통해 적극적으로 사람에 대해 예측하고 이를 바탕으로 어떤 정책을 지원할지 판단할 때는 통계적 차별의 가능성이 더욱 커진다. 그럼에도 불구하고 AI 기반 정책 결정의 핵심 요소는 알고리즘의 활용과 프로파일링이다. 그렇다면 어떠한 방식으로 통계적 차별을 완화할 수 있을까?

오선정 · 이재갑(2025)의 조사 결과에 따르면 통계적 차별이 발생할 여지를 낮추기 위해서 프로파일링의 분석에서 미국은 성별, 인종, 연령 등의 변수를, 덴마크는 성별 변수를, 핀란드는 국적 · 출신 및 장애 변수를 활용하지 않는다(Desiere et al., 2019: 24; Desiere & Struyven, 2020: 9). 하지만 성별, 인종 등과 같은 사회 범주 자료(social category data)를 분석에서 제외하더라도 상관관계가 높은 다른 변수들(예, 이민 여부의 경우 언어 능력)이 이러한 범주를 대신할 수 있으므로 알고리즘을 바탕으로 빅데이터를 분석하는 경우 통계적 차별이 발생하는 것은 불가피하다고 할 수 있다(Williams et al., 2018; Desiere & Struyven, 2020). 따라서 프로파일링의 과정에서 이러한 변수 자체를 사용하지 않는 것이 아니라 차별적 결과가 나타난다면 이에 어떻게 대응하는지가 더욱 중요할 것이다(Williams et al., 2018).

이러한 통계적 차별의 우려에도 불구하고 AI 기반 고용서비스에서 프로파일링의 활용 자체를 법적으로 금지한 나라는 아직까지 없는 것으로 보인다. 다만, 통계적 차별의 문제가 크거나 투명성이 결여된 프로파일링 시스템의 사용을 금지하는 경우는 증가하고 있다. 즉 프로파일링 자체가 금지되기보다는 문제가 나타난 프로파일링 도구나 시스템을 사용하는 것이 금지되고 있다.

또한 프로파일링에서 개인정보를 활용하는 것에 대해 정보 주체에게 명시적 동의를 받아야 하며, 인간의 개입 등을 받을 권리를 강화하는 방향으로 AI 시스템의 활용에 대한 규제가 증가하고 있다(EDPB, 2018).

## 고용서비스 분석 자료의 한계

오선정 · 이재갑(2025)에서 분석한 고용서비스 분석 자료의 한계는 다음과 같다.

노동시장은 크게 공식 노동시장과 비공식 노동시장으로 구분할 수 있는데, 공식 노동시장의 근로자는 공식적으로 임금을 받고 세금을 내기 때문에 근로시간이나 사업장 규모 등의 일정 요건에 해당하면 국민연금, 건강보험, 고용보험 및 산재보험에 가입되어 있어 행정 자료에서 파악하기 쉽다. 반면, 비공식 노동시장의 근로자는 비공식적으로 임금을 받아 고용보험 등의 사회보장제도에 가입되어 있지 않아서 행정 자료에서 파악할 수 없다. 따라서 노동시장을 분석할 때 행정 자료를 알고리즘 또는 AI로 분석한다면 구직을 한 번도 해 본 적이 없는 사람이나 비공식 고용 상태인 사람 등은 분석에서 제외될 수밖에 없다. 플랫폼 노동의 확대 등으로 인해 향후 고용 형태의 다양화가 가속될 것으로 예상되기 때문에 이러한 노동시장 자료의 편향성에 대한 문제는 더욱 심화될 수 있다(오선정 · 이재갑, 2025). 결과적으로 고용 분야의 AI의 분석 결과는 자료의 편향성으로 인해 통계적 차별이 발생할 여지가 크다.

또한 AI가 고용서비스 정책 수단을 선정하기 위해서는 구직자의 태도나 구직 열망 등을 파악해야 하지만, 이처럼 성향을 나타내는 정보는 대체로 행정 자료에서 파악할 수 없다. 물론 AI가 직업 상담사의 면담 자료를 분석하거나 직접 온라인 설문조사를 실시하고 그 자료를 활용하는 것도 가능하다. 하지만 이러한 자료에도 직업 상담사를 면담하지 않거나 온라인 설문조사에 응답하지 않은 자들은 포함되어 있지 않을 수밖에 없다. 따라서 이들의 태도나 구직 열망 등의 정성적 정보를 파악할 수 없기 때문에 이들은 결국 분석에서 제외된다. 다른 대리 변수를 활용해서 이들을 분석에 포함하더라도 분석 결과가 적절하지 않을 여지가 크다. 고용서비스 지원을 받기 위해 온라인 설문조사를 강제한다고 하더라도 설문조사 답변의 정확성을 보장할 수 없으므로 이러한 자료의 한계는 AI 또는 알고리즘 기반 분석의 장애 요인이 된다(오선정 · 이재갑, 2025).

## AI 시스템에 대한 법적 책임

실제 AI 기반 고용서비스의 의사 결정에서 나타날 수 있는 통계적 차별의 문제는 분석 알고리즘에 문제가 있거나, 분석 자료가 한정적이거나 갱신되지 않는 경우 더욱 크다(Desiere et al., 2019; Desiere & Struyven, 2020). 더 나아가 AI 시스템이 어떠한 정보를 바탕으로 어떤 알고리즘으로 의사 결정을 하는지도 블랙박스인 경우가 많다. 불분명한 분석 자료나 분석 알고리즘, 분석 결과의 도출 과정의 불투명성 등은 모두 AI 시스템이 확보해야 할 투명성의 기준에 충족하지 못한 것이므로 법적 책임 문제가 발생할 여지가 크다.

하지만 AI 기반 고용서비스가 분석하는 자료는 낮은 질, 자료 갱신의 한계, 측정할 수 없는 정보(intangible information)의 존재 등의 한계를 가지고 있다(오선정 · 이재갑, 2025). 기계 학습의 결과로 어떤 변수가 AI의 분석 결과에 어느 정도 영향을 미치는지 알기 어렵기 때문에 그 과정도 불투명하다(Desiere et al., 2019: 23). 즉 AI 기반 고용서비스에 대한 법적 책임 문제가 발생할 여지가 크다.

이밖에도 디지털 기술이 부족하거나 접근 수단이 부족한 사람들은 AI 기반 시스템을 활용하기도 어렵고, AI 시스템의 투명성이 확보된다고 하더라도 이를 현실적으로 이해하기 어렵다.

실제로 2012년 폴란드에서 개발된 구직자 유형화 방식은 결과의 도출 방식이 불투명하며 일부 집단을 노동시장에서 잠재적으로 차별하여 공정하지 않는 등의 이유로 2019년에 헌법에 위배된다는 판결을 받았다(OECD, 2022: 7).

마지막으로 AI를 기반으로 한 결정이나 행동이 옳지 않은 경우에는 이러한 법적 책임이 알고리즘 개발자와 사용자 중 누구한테 있을 것인지에 대한 이슈도 명확하지 않다(OECD, 2022: 7).

## 참고문헌

오선정·이재갑(2025). "인공지능 기반 고용서비스의 통계적 차별 가능성 연구: 잡케어 시스템을 중심으로". 《노동정책연구》, 25(1), 33~66쪽.

Desiere, S. et al.(2019). Statistical profiling in public employment services: An international comparison. OECD Social, Employment and Migration Working Papers, 224.

Desiere, S. & Struyven, L.(2020). Using artificial intelligence to classify jobseekers: The accuracy-equity trade-off. SPSW Working Paper.

European Data Protection Board(2018). Guidelines on Automated individual decision-making and Profiling for the purposes of Regulation 2016/679(wp251rev.01). https://ec.europa.eu/newsroom/article29/items/612053

OECD(2022). OECD Framework for the Classification of AI systems. OECD Digital Economy Papers, 323. https://doi.org/10.1787/cb6d9eca-en

Williams, B. A. et al.(2018). How Algorithms Discriminate Based on Data They Lack: Challenges, Solutions, and Policy Implications. *Journal of Information Policy, 8*, pp.78~115.

## 06
## AI의 통계적 차별에 대한 법적 대응

전 세계에서 AI의 차별 문제에 정책적으로 대응하고 있다. 2023년 발표된 EU의 「AI법」 제31조는 “허용할 수 없는 평가 행위를 수반하고 유해하거나 불리한 결과를 초래하는 AI 시스템은 금지되어야 한다”고 규정한다.

AI와 민주주의?

## EU의 「개인정보 보호 규정」

전 세계에서 AI의 차별 문제에 정책적으로 대응하고 있다. 2016년 5월에 제정되어 이전의 1995년 지침을 대체하고, 2018년 5월부터 시행된 EU 「개인정보 보호 규정」의 제22조 1항은 AI에 대해서 명시적으로 규제하지는 않지만, 법적 효과(legal effects)를 가지거나 유사한 중대한 효과(significant affects)를 초래하는 자동화된 의사결정(automated processing)을 원칙적으로 금지한다. 주로 AI나 알고리즘을 활용하여 자동화된 의사 결정을 하기 때문에 AI 활용에 대한 규제라고 볼 수 있다.

EU 「개인정보 보호 규정」의 제22조 2항에 따르면 자동화된 의사 결정이 허용되기 위해서는 이러한 결정이 계약의 체결 또는 이행에 필요하거나, EU법 또는 회원국 법률에 근거해야 하고, 정보 주체의 명시적 동의가 있어야 한다. 또한 EU 「개인정보 보호 규정」의 제22조 3항은 법률에 근거하여 자동화된 의사 결정을 활용하더라도 정보 주체의 권리와 자유 그리고 법적 관심사를 보호하기 위한 적절한 조치(suitable measures)를 반드시 취해야 하는 것을 강조한다.

법적 효과와 유사한 중대한 효과의 판단 기준은 개인의 경제적 상황, 건강, 직업 기회, 평판 등에 중대한 효과를 미치는 경우를 포함한다. 명시적으로 자동화된 의사 결정이 금지되는 중요한 영향(significant affects)의 예시에는 사람의 개입이 없는 AI의 채용 관행(e-recruiting practices without any human intervention)이 포함된다 (EDPB, 2018: 21). 즉, 직업 기회를 제한하는 것은 중대한 효과에 포함되므로 고용 분야에서 사람의 개입 없는 AI에 의한 자동화된 의사 결정은 원칙적으로 금지된다.

EU의 「개인정보 보호 규정」의 제35조와 EDPB(2018)의 6장에 따르면 자동화된 의사 결정이나 프로파일링이 수행될 때 데이터 보호 영향 평가(Data Protection Impact Assessment, DPIA)를 받아야 한다. 여기서 자동화된 의사 결정은 전적으로 자동화된 의사 결정만을 포함하는 것이 아니라, 인간의 개입이 존재하는 경우라도 이 의사 결정이 법적 효과 또는 유사한 중대한 효과를 초래하는 경우를 포함한다. 이밖에도 대규모 데이터를 처리하거나 취약한 집단(아동, 환자 등) 관련 처리도 데이터 보호 영향 평가의 대상에 포함시킬 것을 권장한다.

## 정보 주체의 권리 강화

EU의 「개인정보 보호 규정」에 따르면 자동화된 의사 결정에 대해 개인정보 처리자는 정보 주체가 인간의 개입을 받을 수 있는 권리(the right to obtain human intervention)를 의미하는 인간 개입 요구권, 자신의 의견을 개진할 권리, 평가가 끝난 후 그 결정에 대한 설명을 들을 권리, 해당 결정을 다툴 권리에 대한 적절한 보호 조치를 반드시 마련해야 한다.

구체적으로 EU 「개인정보 보호 규정」의 제15조~제22조에 따르면 정보 주체는 열람권(Right of access) 등 다양한 권리를 가진다. 열람권이란 자신의 개인정보가 처리되고 있는지, 처리되고 있는 경우 처리 목적, 처리되는 개인정보의 범주, 개인정보가 제공되거나 제공될 수 있는 수신자 또는 수신자 범주, 개인정보의 보관 기간 또는 그 판단 기준, 자료의 정정 · 삭제 · 개인정보의 처리 제한 및 반대에 대한 권리, 감독기관에 불만을 제기할 권리, 개인정보가 정보 주체로부터 직접 수집되지 않은 경우 그 출처에 대한 정보, 자동화된 의사 결정이 있다면 이러한 결정이 내려진 논리 등을 포함한다.

EDPB는 AI 등에 의해 전적으로(solely) 자동화된 의사 결정이 내려질 때, 정보 주체인 개인에게 일반적인 경우보다 더 강화된 알 권리(Right to be informed)와 열람권을 인정해야 한다고 강조한다. 알 권리는 본인에 대한 판단이나 의사 결정이 어떤 논리와 기준으로 결론이 도출되었는지 알 권리를 의미한다. 또한 정보 주체는 본인에 대한 판단이나 의사 결정에 대해서 거부할 권리(a right to object)도 가진다.

## EU 「AI법」

더 나아가 2024년 8월부터 EU의 「AI법」이 단계적으로 발효 중이다. 기존의 국제 사회에서 AI 관련 논의가 재량에 따라 적용되는 권고 수준이었지만, EU의 「AI법」은 EU 법의 다양한 법제화 방식 중에서 '규정(regulation)'으로 도입되어, 별도의 입법 조치가 없이도 회원국 내에서 직접 적용되는 것이 특징이다(김봉철, 2025). 즉, EU의 「AI법」은 세계 최초로 AI를 규제하는 법이다.

EU의 「AI법」은 규제를 위한 사고에 근거하여 '위험 기반 접근 방식'이라는 원칙을 설정하고 AI의 위험도를 허용 불가한 위험(unacceptable risk), 고위험(high risk), 제한된 위험(limited risk) 및 최소 위험(minimal risk)의 4단계로 구분하고 단계적으로 규제한다.

한국법제연구원의 EU AI Act 번역본(2024)을 바탕으로 EU의 「AI법」을 구체적으로 살펴보자. 이 법은 "자연인이나 특정 집단의 연령, 장애 또는 특정한 사회적 또는 경제적 상황으로 인한 취약성을 이용해서 사람이나 집단에 속하는 사람의 행동을 중대하게 왜곡하거나 중대하게 피해를 야기할 가능성"이 있는 경우는 금지된 AI 행위로 규정한다. 또한 "공공 또는 민간 행위자가 자연인을 사회적으로 평가하는 AI 시스템은 차별적 결과를 초래하고 특정 그룹을 배제할 수" 있고, "이러한 AI 시스템으로부터 얻은 사회적 평가 점수는 데이터가 원래 생성되거나 수집된 맥락과 무관한 사회적 맥락에서 자연인 또는 그 전체 그룹에 대해 해롭거나 불리한 처우를 초래하거나, 또는 그들의 사회적 행동의 중대성에 비해 불균형적이거나 정당화되지 않은 불리한 처우를 초래할 수" 있으므로 "허용할 수 없는 평가 행위를 수반하고 유해하거나 불리한 결과를 초래하는" AI 시스템도 금지된다.

EU의 「AI법」은 고위험 AI 시스템을 매우 다양하게 규정하며, 고위험 AI 시스템은 특정 의무 요건을 준수하는 경우에만 EU 시장에 출시, 서비스 개시 또는 사용될 수 있다. 투명성이 부족한 경우는 제한된 위험을 지닌 AI 시스템으로 분류된다.

EU의 「AI법」은 유럽 기업에만 적용되는 것이 아니라, 군사 및 안보 관련 시스템을 제외하고 유럽 역내에서 활동하는 모든 AI 서비스에 적용되며 서비스 제공자와 배포자 모두가 규율 대상에 포함된다.

## OECD의 AI 권고안

2019년에 채택되고 2023년과 2024년에 개정된 OECD의 AI 권고안(Recommendation of the Council on Artificial Intelligence)은 EU의 「개인정보 보호 규정」이나 「AI법」과 달리 법적 구속력은 없다. 하지만 최초의 정부 간 준수되어야 할 기준(the first intergovernmental standards in AI)으로 적용되고 있다(OECD, 2024: 3).

OECD의 AI 권고안은 포용적 성장, 지속가능한 발전 및 웰빙(inclusive growth, sustainable development and well-being), 공정성과 사생활을 포함한 법, 인권 및 민주적 가치에 대한 존중(respects for the rule of law, human rights and democratic values, including fairness and privacy), 투명성 및 설명 가능성(transparency and explainability), 견고성, 보안 및 안전(robustness, security, and safety), 책임성(accountability)을 핵심으로 한다.

또한 정책적으로 AI 연구 개발에의 투자(investing in AI research and development), 포용적 AI 친화적 디지털 생태계의 조성(fostering an inclusive AI-enabling ecosystem), 상호 운용 가능한 거버넌스와 정책 환경의 구축(shaping an enabling interoperable governance and policy environment for AI), 인간 역량 강화 및 노동 시장 변화 대응(building human capacity and preparing for labour market transformation) 및 신뢰성 있는 AI를 위한 국제적 협력(international co-operation for trustworthy AI)을 강조한다.

## 유럽평의회 「AI 프레임워크 협약」

2024년 5월 17일에 유럽평의회(Council of Europe, CoE)에서 채택되고 2024년 9월 5일 초안 서명이 개시된 「인공지능과 인권, 민주주의, 법치주의에 관한 유럽평의회 프레임워크 협약(Framework Convention on Artificial Intelligence and Human Rights, Democracy and the Rule of Law, 이하 「AI 프레임워크 협약」)」은 인권, 민주주의, 법치주의를 근간으로 한다. 따라서 이 가치를 보호하기 위해서 AI 시스템의 전 생애 주기에 걸쳐 적용될 글로벌 기준을 제시한다. 동 협약은 세계 최초의 법적 구속력을 갖춘 「AI 프레임워크 협약」으로서, 유럽평의회 비회원국과 비국가 행위자들의 가입과 참여도 권장하고 있어 글로벌 표준으로 자리 잡을 가능성이 있다(이나경, 2024.9.25).

유럽평의회의 「AI 프레임워크 협약」은 공공기관뿐만

아니라 공공기관을 대신하거나 함께 AI를 사용하는 민간 주체에도 적용되며, 사기업에 대해서는 직접 적용되거나 적절한 조치를 대체하는 방식 중 선택이 가능하다. AI가 인권, 민주주의, 법치주의에 미칠 수 있는 부정적 영향의 심각성과 확률에 따라 차등적이고 단계적인 조치를 취해야 한다.

「AI 프레임워크 협약」에서 AI 시스템이 보호해야 할 원칙에는 인간의 존엄성과 개인의 자율성(human dignity and individual autonomy), 투명성과 감독(transparency and oversight), 책임성(accountability and responsibility), 평등과 차별금지(equality and non-discrimination), 프라이버시와 개인정보 보호(privacy and personal data protection), 신뢰성(reliability), 안전한 혁신(safe innovation)이 포함된다.

「AI 프레임워크 협약」의 이름에도 인권이 포함되어 있다. 인권에는 시민적 · 정치적 권리와 경제적 · 사회적 · 문화적 권리가 포함되며, 경제적 권리에는 노동권이 포함된다. 노동권에는 일할 권리가 포함되어 있고, 국제노동기구의 핵심 협약은 차별 금지를 기본 인권으로 본다.

또한 서문에서 AI 시스템으로 인한 차별의 위험성과, 이 차별이 여성과 취약한 상황의 사람들에게 불평등을 만들거나 악화시킬 수 있는 잠재적 영향을 언급한다. 동 협약은 AI와 관련해 인권 침해가 발생하는 경우에 대한 법적 구제 경로와 절차적 보호 조치를 마련하고, 위험과 부정적 영향 평가(Risk and impact management framework)를 시행할 것을 요구한다.

## 개별 국가의 대응

EU 회원국에 국내 입법 절차가 필요 없이 직접 효력을 가지는 EU의 규정(Regulation) 제정 이외에, 회원국 자체적으로도 AI의 활용을 규제하고자 하는 움직임이 나타난다. 예를 들어, 2021년 독일 AI-사회적 책임과 경제적, 사회적, 생태적 잠재력에 관한 조사위원회의 최종 보고서는 AI가 가져올 다양한 위험성을 해결하기 위해 투명성, 추적성 및 설명 가능성의 중요성을 강조했다(김예진, 2024). 특히 채용에서 AI 활용에 따른 차별 문제가 나타나 미국과 유럽 등에서는 AI를 활용한 채용을 규제하려는 움직임이 나타나고 있다(김예진, 2023).

캐나다의 「자동화된 의사 결정 법규(Directive on Automated Decision-Making)」는 AI 등 자동화된 시스템을 사용하여 연방 기관이 기획 등을 할 경우에 이러한 시스템을 시작하기 전에 알고리즘 영향 평가(Algorithmic

Impact Assessment, AIA)를 거치도록 한다(OECD, 2024: 14). 멕시코의 AI 기반 시스템의 개발과 활용을 위한 원칙과 영향 평가 가이드라인(Principles and Impact Analysis Guide for the Development and Use of Systems Based on AI)도 AI 시스템의 사회적 및 윤리적 영향을 평가하도록 한다(OECD, 2024: 14).

## 한국의 대응: 「개인정보보호법」 등

2022년 5월 국가인권위원회는 '인공지능 개발과 활용에 관한 인권 가이드라인'을 제공하여, 인공지능의 개발과 활용 과정에서 발생할 수 있는 차별과 인권 침해를 방지할 수 있는 가이드라인을 제공하였다.

2023년 3월 14일에 개정된 한국의 「개인정보보호법」 제37조의2는 '자동화된 의사 결정에 대한 정보 주체의 권리'를 명시한다. 정보 주체는 완전히 자동화된 시스템(인공지능 기술을 적용한 시스템을 포함)으로 개인정보를 처리하여 이루어지는 결정이 자신의 권리 또는 의무에 중대한 영향을 미치는 경우 해당 개인정보 처리자에 대하여 해당 결정을 거부할 수 있는 권리를 가진다. 또한 정보 주체는 개인정보 처리자가 자동화된 의사 결정을 한 경우에는 그 결정에 대해 설명 등을 요구할 권리를 갖는다. 개인정보 처리자는 정보 주체가 자동화된 의사 결정을 거부하거나 이에 대한 설명 등을 요구한 경우에는 정당한 사유가 없는 한 자동화된 의사 결정을 적용하지 않거나 인적 개입에 의한 재처리 · 설명 등 필요한 조치를 하여야 하며, 자동화된 의사 결정의 기준과 절차, 개인정보가 처리되는 방식 등을 정보 주체가 쉽게 확인할 수 있도록 공개해야 한다.

EU 「개인정보 보호 규정」의 제22조가 자동화된 의사 결정에 대한 일반적인 금지라면 한국의 개인정보보호법 제27조의2는 이의 제기 권리만을 부여하여 권리 행사에 어려움이 있는 정보 주체에 대한 종합적인 보호 장치가 부족할 수 있으며, 규제 대상이 완전히 자동화된 시스템에 한정하여 복합 프로파일링 시스템(a multi-stage profiling system)에 대한 규제 공백이 존재하며, 설명을 요구할 권리 등에 대해서는 기술적 · 실무적인 제한이 많다(Kim & Park, 2024).

## 한국의 대응: 「AI 기본법」

2025년 1월 공포되어 2026년 1월 시행 예정인 「인공지능 발전과 신뢰 기반 조성 등에 관한 기본법(AI 기본법)」은 AI의 건전한 발전과 신뢰 기반 조성에 필요한 기본적인 사항을 규정함으로써 국민 권익 및 존엄성을 보호하고 국민의 질 향상과 국가 경쟁력을 강화하기 위한 목적으로 제정되었다. 이 법은 EU에 이어 세계 두 번째로 제정된 AI 법이다.

같은 법 제2조 제4항은 고영향 인공지능(AI)을 "사람의 생명, 신체의 안전 및 기본권에 중대한 영향을 미치거나 위험을 초래할 우려가 있는 인공지능 시스템으로 일부 영역에서 활용되는 것"이라고 정의하며, "채용, 대출심사 등 개인의 권리 · 의무 관계에 중대한 영향을 미치는 판단 또는 평가"는 고영향 인공지능에 해당하는 영역이다. 또한 이 법은 인공지능 사업자와 이용자 이외에도 '영향받는 자'를 규정하고 있는데, 이는 '인공지능 제품 또는 인공지능 서비스에 의하여 자신의 생명, 신체의 안전 및 기본권에 중대한 영향을 받는 자'를 의미한다(제2조 제9항).

같은 법 제13조에 따르면 인공지능 사업자는 인공지능의 투명성을 확보할 의무를 가지는데 이는 고영향 AI나 생성형 AI를 이용한 제품 또는 서비스를 제공하려는 경우 제품 또는 서비스가 AI에 기반하여 운용된다는 사실을 사전에 고지하고, 이를 표시해야 한다.

같은 법 제34조는 고영향 AI에 대한 위험 관리 방안의 수립 · 운영, AI가 도출한 최종 결과, 최종 결과 도출에 활용된 주요 기준, AI의 개발 · 활용에 사용된 학습용 데이터의 개요 등에 대한 설명 방안의 수립 · 시행, 이용자 보호 방안의 수립 · 운영, 고영향 AI에 대한 사람의 관리 · 감독, 안전성 · 신뢰성 확보를 위한 조치의 내용을 확인할 수 있는 문서의 작성과 보관 등을 인공지능 사업자의 책무로 규정한다. 또한 이 법의 제35조는 고영향 AI를 이용한 제품 또는 서비스를 제공하는 경우 사전에 사람의 기본권에 미치는 영향을 평가하기 위해서 노력해야 한다고 규정한다.

### 참고문헌


국가인권위원회(2022). "인공지능 개발과 활용에 관한 인권 가이드라인".

김봉철(2025). 《유럽의 AI 활용과 규제》. 커뮤니케이션북스.

김예진(2023). "채용절차에 있어서 인공지능의 차별 문제: 미국과 한국의 비교를 중심으로". 《노동법연구》, 55, 85~126쪽.

김예진(2024). "독일 종업원평의회법 상 인공지능의 규율: 독일 인공지능-사회적 책임과 경제적, 사회적, 생태적 잠재력에 관한 조사위원회 최종보고서와 종업원평의회 현대화법을 중심으로". 《노동법연구》, 57, 443~488쪽.

이나경(2024.9.25). "인공지능과 인권, 민주주의, 법치주의에 관한 유럽평의회 프레임워크 협약 현황". 《KISDI Perspective》, 2024(3).

한국법제연구원(2024). "EU AI ACT 번역본".
Council of Europe(2024). Council of Europe Framework Convention on Artificial Intelligence and Human Rights, Democracy and the Rule of Law. *Council of Europe Treaty Series, 225.* https://rm.coe.int/1680afae3c
European Data Protection Board(2018). Guidelines on Automated individual decision-making and Profiling for the purposes of Regulation 2016/679(wp251rev.01). https://ec.europa.eu/newsroom/article29/items/612053
European Union(2016). Regulation (EU) 2016/679 of the European Parliament and of the Council of 27 April 2016 on the protection of natural persons with regard to the processing of personal data and on the free movement of such data, and repealing Directive 95/46/EC (General Data Protection Regulation) (Text with EEA relevance). https://eur-lex.europa.eu/eli/reg/2016/679/oj/eng
European Union(2024). Regulation (EU) 2024/1689 of the European Parliament and of the Council of 13 June 2024 laying down harmonised rules on artificial intelligence and amending Regulations (EC) No 300/2008, (EU) No 167/2013, (EU) No 168/2013, (EU) 2018/858, (EU) 2018/1139 and (EU) 2019/2144 and Directives 2014/90/EU, (EU) 2016/797 and (EU) 2020/1828 (Artificial Intelligence Act). https://op.europa.eu/en/publication-detail/-/publication/dc8116a1-3fe6-11ef-865a-01aa75ed71a1/language-en
Kim, D. H. & Park, D. H.(2024). Automated decision-making in South Korea: a critical review of the revised Personal Information Protection Act. *Humanities and Social Sciences*

*Communications, 11*(1), pp.1~11.
https://doi.org/10.1057/s41599-024-03470-y

OECD(2019). Recommendation of the Council on Artificial Intelligence. OECD/LEGAL/0449.
https://legalinstruments.oecd.org/en/instruments/oecd-legal-0449

OECD(2024). Report on the Implementation of the OECD Recommendation on the Artificial Intelligence.
https://one.oecd.org/document/C/MIN(2024)17/en/pdf

## 07
# AI의 통계적 차별에 대한 정책적 대응

AI 시스템을 활용하는 경우 통계적 차별을 방지하기 위해서 AI의 활용 단계별로 투명성과 신뢰성을 기준으로 대응할 필요가 있다. 알고리즘 및 분석 도구 자체에 대한 사전 평가, 분석 데이터의 검증 등이 AI 시스템의 개발 단계에서 필요하고, AI 시스템의 활용 단계에서는 분석 자료의 지속적인 검토와 분석 결과의 타당성을 확인해야 한다.

AI와 애니메이션?

## 단계적 대응

AI 시스템은 데이터와 입력(data & input), AI 모형(AI model), 과업 및 출력(task & output)으로 구분된다(OECD, 2022). 이 단계별로 AI의 위험성을 규제하는 법규에서 공통적으로 나타나는 기준인 투명성과 신뢰성을 확보하는 방향으로 통계적 차별에 대한 대응 방안을 마련하는 것이 중요하다.

AI 시스템을 정책에서 활용한다면 정책이 활용하는 데이터의 검토와 활용, AI 기반 알고리즘 등 분석 도구의 개발, 출력된 분석 결과의 검토와 활용 결정에 대한 정책적 대응이 필요하다. 즉, 분석 데이터의 검증, 알고리즘 또는 AI의 분석 도구 자체에 대한 사전 평가가 필요하고, AI 기반 시스템의 활용 단계에서는 분석 자료에 대한 지속적인 검토와 분석 결과의 타당성을 확인하고 분석 결과의 활용 방식에 대해 고민해야 한다.

## AI 시스템의 투명성

AI 시스템의 투명성은 다양하게 정의된다.

EU 「개인정보 보호 규정」에서 강조하는 정보 주체의 권리 측면에서 투명성은 AI의 처리 내용을 명확하고 이해하기 쉽게 알기 쉽도록 공개하는 것을 의미한다. 이러한 측면에서 투명성의 핵심에는 정보 제공 의무(개인정보 수집 등), 정보 주체의 열람권, 정정권, 삭제권, 처리 제한권, 자동화된 의사 결정에 대한 거부권, 자동화된 의사 결정의 논리 · 중요성 · 예상되는 결과를 설명받을 권리가 있다.

EU「AI법」에서 AI 시스템이 가져야 할 원칙 중에서 투명성은 시스템의 추적 가능성(traceability) 또는 설명 가능성을 의미한다.

AI 시스템의 핵심인 알고리즘의 투명성도 중요하며, 알고리즘의 투명성은 신뢰성 확보, 책임성 증대, 공정성 보장, 오류 수정 및 개선의 기능을 할 수 있다(김용환 · 임희정, 2025).

## AI 시스템의 투명성과 신뢰성의 관계

AI 시스템의 투명성과 신뢰성은 독립된 개념이지만 밀접하게 관련되어 있다. 투명성이 확보되어야 외부 평가자가 AI의 성능과 위험을 검증할 수 있기 때문에 신뢰성을 증명할 수 있으며, AI가 잘못된 결정을 내렸을 때 책임을 추적할 수 있다. 책임 여부를 추적할 수 있을 때 AI 시스템의 신뢰성에 대한 사회적 수용성이 높아질 수 있다.

또한 AI 시스템을 사용하는 사용자는 AI가 어떻게 작동하는지 이해할 때 AI 시스템의 분석 결과를 더 신뢰할 수 있게 된다. 따라서 투명성은 신뢰성을 강화할 수 있다.

투명성은 AI의 한계와 불확실성을 알리는 기능도 가지고 있다. 따라서 투명성은 신뢰성을 보여 주는 조건이며, 신뢰성은 투명성을 뒷받침하는 실질적 조건이라고 할 수 있다.

AI 시스템의 분석 결과에 대한 신뢰성은 분석 결과에서 잘못된 정보, 조작된 정보, 편향성과 같은 문제가 나타나지 않을 때 높아질 것이다.

## 개발 단계 : 분석 자료의 검증

AI 시스템이 분석하는 자료의 대표성과 정확성이 부족한 경우 AI의 분석 결과에 문제가 나타나 신뢰성이 떨어진다. AI 기반 고용서비스의 경우에도 AI 시스템이 구직자가 입력하는 정보를 바탕으로 하는 경우, 구직자가 중요 정보를 제공하지 않거나 과장할 수 있으므로 분석 결과에 큰 영향을 미칠 수 있다(Barnes et al., 2015). 이로 인해 AI 시스템이 분석할 양질의 분석 자료를 확보하는 것이 필요하다.

데이터를 확보하였다면 편향성을 줄이기 위해 데이터에 대한 편향 감사가 필요하다. 편향의 유형은 표본의 편향, 측정 편향, 대리 변수 편향 등을 포함한다.

표본 편향은 표본이 모집단의 특정 집단을 과소 또는 과대 표집하는 것을 의미한다. 표본 편향을 확인하기 위해서는 집단별(성별, 연령, 지역 등) 데이터의 분포를 확인해야 한다. 표본 편향이 발생한 경우 표본이 대표성을 갖도록 표본을 다시 확충해야 한다.

측정 편향은 자료 수집 과정에서 잘못된 방식으로 변수가 기록되는 것을 의미한다. 측정 편향이 발생한 경우에는 문제가 발생한 변수의 재측정이 필요하다.

대리 변수 편향(proxy bias)은 직접 민감 변수를 쓰지는 않지만 이를 간접 변수로 대체하는 것을 의미한다. 잘못된 대리 변수의 활용으로 인해 측정 편향이 나타날 수 있다.

## 개발 단계 : 분석 도구의 검증

통계적 차별 등 AI 분석 결과에서 나타나는 문제를 완화하기 위해서 우선 AI의 알고리즘 등 분석 도구를 개발 단계에서부터 검증해야 한다. 이러한 목적으로 사전 편향 감사(pre-deployment bias audit)나 사전 시험 · 검증(pre-deployment testing)이 활용되고 있다. 이는 AI 알고리즘을 배포하기 전에 데이터, 모델, 평가 지표 등 전

과정을 점검해 차별이나 불이익이 발생할 위험을 식별하고 완화하는 절차다. 또한 이를 알고리즘의 책임성(algorithmic accountability) 평가라고 부를 수 있다(Rachovitsa & Johnann, 2022).

또한 분석 알고리즘의 개발을 외부 개발 업체에 맡기는 것이 아니라 이 개발 단계에서부터 다양한 전문가의 참여를 보장해야 한다. 이윤아 · 윤상오(2022)는 고용 분야 등 여러 국내 정책에서 AI 알고리즘이 유발하는 다양한 차별을 방지하기 위해 AI 알고리즘 등록과 검증, 알고리즘 개발자 및 사용자 가이드라인 설정, 알고리즘 개발 및 데이터 검증에 차별 대상자 참여 확대 등을 제안한 바 있다.

## 개발 단계 : 분석 결과의 검증

AI 시스템의 배포자는 미세한 조정을 통해 지속적인 학습을 바탕으로 변경되는 AI 시스템의 성능과 행동 방식에 상당한 영향을 미칠 수 있다(채기현, 2024.5.30). 따라서 알고리즘을 구축하는 과정에서 또는 알고리즘을 구축한 이후에도 알고리즘의 분석 결과를 바탕으로 통계적 차별이 발생하는지를 검증하고 이를 모니터링하며 차별적 결과가 나타난다면 이를 수정하는 것이 필수적이다. EDPB(2018)에서 개인정보 처리자가 알고리즘이 내린 결정을 수정 · 철회할 실질적 권한을 보유해야 할 것을 강조하는 것도 분석 결과에 대한 인간의 검증 또는 수정의 필요성을 보여 준다.

모니터링의 방법은 다양하다. 예를 들어, 미국 평등고용기회위원회(U.S. Equal Employment Opportunity Commission, EEOC)는 4/5규칙(four-fifths rules)을 적용하여 간접 차별 여부를 추정하고 있다(김예진, 2023: 111). EEOC에 따르면 4/5규칙은 한 집단을 선택하는 비율이 다른 집단을 선택하는 비율과 상당히 다르다는 것을 보여 주는 규칙으로, 두 수치의 비율이 4/5(또는 80%)보다 작은 경우에 적용된다. 예를 들어, "사원 채용 공고를 보고 지원서를 제출한 여성 지원자 100명 중 20명이 고용되었고, 지원서를 제출한 남성 지원자 100명 중에서 80명이 고용된 경우 여성 지원자의 고용 비율은 20%인 반면, 남성 지원자의 고용 비율은 80%"이며 "남성 지원자의 고용 비율에 대한 여성 지원자의 고용 비율은 20%/80%로 4/5에 이르지 못하므로 여성에 대한 불리한 효과가 있었던 것으로 추정할 수 있다"(박은정 외, 2020: 63).

## 활용 단계 : 분석 도구의 개선

AI 시스템의 분석 결과에서 통계적 차별이 나타난다면 AI 시스템의 개발 과정에서 분석 결과를 검증하는 것과 마찬가지로, 최종 도출된 분석 결과의 모니터링을 통해 분석 자료 및 변수의 수정 등이 필요하다. 이러한 과정을 통해 알고리즘 자체를 개선시켜 분석 결과에서 편향성이 나타나지 않도록 하는 것이 필수적이다. 하지만 현실적으로 AI 시스템이 어떠한 정보를 바탕으로 어떠한 알고리즘을 구축하여 의사 결정을 하는지 자체가 블랙박스이기 때문에 이를 명확하게 파악하는 것이 어렵다는 한계가 있다.

## 활용 단계 : 외부 모니터링

AI 시스템 사용자에 대해 자발적인 모니터링의 중요성을 강조하는 것에서 더 나아가 외부의 모니터링에 대한 규제도 필요하다. 유사 사례로 AI가 활발하게 활용되고 있는 채용이나 인사 관리의 경우 여성, 고령자, 장애인 등에 대한 차별적인 결과가 나타나자, 미국 등에서는 법을 통해 외부 부처에 차별에 대한 분석 결과를 보고 또는 조사하도록 하거나, 독립 감사인 등을 활용하여 AI의 채용에 대한 차별을 최소화하고자 한다(김예진, 2023).

예를 들어, 2020년 1월부터 시행된 미국 일리노이주의 법에 따르면 상무경제기획국은 화상 면접에 대한 AI 분석 결과가 인종과 민족적 차별성을 띠는지 분석할 의무를 가진다(김예진, 2023). 미국 뉴욕시에서 2023년 1월부터 시행된 자동화된 채용 결정 도구에 관한 법에 따르면 해당 도구를 활용하는 경우 1년 이내에 독립 감사인(independent auditor)이 편향성 감사(bias audit)를 해야 한다(김예진, 2023).

## 규제의 필요성 및 어려움

이처럼 AI 기반 자동화된 의사 결정이나 프로파일링의 도구를 활용하기 위해서는 AI 시스템의 분석 결과에 편향성이 나타나지 않도록 충분한 보호 조치를 마련하는 것이 필수적이다. 이로 인해 AI의 고용 차별을 방지하기 위한 다양한 규제 정책이 도입되고 있다.

하지만 사기업이나 개인이 AI 기반 시스템을 활용하는 것을 파악하는 것이 쉽지 않기 때문에 이를 규제하는 것 자체가 쉽지 않다. 이로 인해 AI 분석 시스템을 만들어서 판매하는 사업자에 대해 규제가 강화되고 있는 추세다. 또한 정부에서 활용하는 AI 기반 시스템에 대해서는 상대적으로 쉽게 활용 여부나 분석 결과 등을 파악할 수 있으므로 관련 규제가 증가하고 있다.

## 참고문헌

김용환·임희정(2025). 《AI와 윤리 이슈》. 커뮤니케이션북스.

김예진(2023). "채용절차에 있어서 인공지능의 차별 문제: 미국과 한국의 비교를 중심으로". 《노동법연구》, 55, 85~126쪽.

박은정 외(2020). "차별판단기준 수립을 위한 연구(제1부)". 국가인권위원회.

이윤아·윤상오(2022). "인공지능 알고리즘이 유발하는 차별 방지방안에 관한 연구". 《한국거버넌스학회보》, 29(2), 175~202쪽.

채기현(2024.5.30). "OECD AI 시스템 정의 개정의 주요 내용 및 시사점". 《디지털 법제 Brief》. 한국지능정보사회진흥원.

Barnes, S. A. et al.(2015). Identification of latest trends and current developments in methods to profile jobseekers in European Public Employment Services. European Commission.

European Data Protection Board(2018). Guidelines on Automated individual decision-making and Profiling for the purposes of Regulation 2016/679(wp251rev.01). https://ec.europa.eu/newsroom/article29/items/612053

European Union(2016). Regulation (EU) 2016/679 of the European Parliament and of the Council of 27 April 2016 on the protection of natural persons with regard to the processing of personal data and on the free movement of such data, and repealing Directive 95/46/EC (General Data Protection Regulation) (Text with EEA relevance). https://eur-lex.europa.eu/eli/reg/2016/679/oj/eng

European Union(2024). Regulation (EU) 2024/1689 of the European Parliament and of the Council of 13 June 2024 laying down harmonised rules on artificial intelligence and amending Regulations (EC) No 300/2008, (EU) No 167/2013, (EU) No 168/2013, (EU) 2018/858, (EU) 2018/1139 and (EU) 2019/2144 and Directives 2014/90/EU, (EU) 2016/797 and (EU) 2020/1828 (Artificial Intelligence Act). https://op.europa.eu/en/publication-detail/-/publication/dc8116a1-3fe6-11ef-865a-01aa75ed71a1/language-en

OECD(2022). OECD Framework for the Classification of AI systems. OECD Digital Economy Papers, 323. https://doi.org/10.1787/cb6d9eca-en

Rachovitsa, A., & Johann, N.(2022). The human rights implications of the use of AI in the digital welfare state: Lessons learned from the Dutch SyRI case. *Human Rights Law Review, 22*, pp.1~15.

U.S. Equal Employment Opportunity Commission. https://www.eeoc.gov/laws/guidance/select-issues-assessing-adverse-impact-software-algorithms-and-artificial

## 08
## AI 기반 고용서비스와 프로파일링

고용서비스 분야의 프로파일링은 데이터를 통계적 모형이나 AI 등으로 분석한 결과를 바탕으로 구직자의 특성을 식별해서 차별화된 정책을 제공하기 위해서 활용된다. AI 기반 고용서비스가 도입되면서 고용서비스의 기존 정책과 AI 기반 정책의 연계성을 향상하기 위해서 AI 기반 프로파일링을 도입할 필요가 증가하고 있다.

AI와 인재 채용?

## 유형화의 종류

유형화는 정책 대상자를 구분하기 위해 활용된다. 유형화는 유형화의 방식에 따라 규칙 기반 유형화, 상담사 기반 유형화 및 통계적 유형화로 구분할 수 있다(Desiere et al., 2019, Loxha & Morgandi, 2014 및 Barnes et al., 2015를 인용한 Desiere & Struyven, 2020).

규칙 기반 유형화는 연령, 장애 여부, 교육 수준, 소득 등의 개인정보를 활용하지만 개인에 대한 평가나 예측이 아니라 미리 정해진 기준을 바탕으로 정책 대상자를 유형화(구분)한다. 상담사 기반 유형화는 전문가의 상담 등을 통해 정책 대상자를 유형화(구분)한다. 마지막으로 통계적 유형화는 데이터를 회귀 모형, 알고리즘, AI 등을 활용한 통계적 모형으로 분석한 결과를 바탕으로 정책 대상자를 유형화(구분)한다. 이러한 통계적 유형화를 프로파일링이라고 부르기도 한다.

유형화 도구는 고용서비스 이외에 복지 및 범죄 분야 등에서도 복지대상자나 범죄자 등을 분석하는 데 사용되고 있다. 일반적으로 유형화 도구는 고용서비스의 경우 구직자가 일자리를 찾을 수 있는 확률, 복지서비스의 경우 복지 대상자가 자립할 수 있는 확률, 범죄학의 경우 특정인이 범죄를 저지를 확률 등 개인의 특성을 바탕으로 정책 대상자를 구분하는 데 필요한 결과를 예측하는 도구를 의미한다.

## 유형화 도구

유형화를 도와주는 방법을 의미하는 유형화 도구는 양적 방식과 질적 방식으로 구분된다. 면담을 통해 정책 대상자를 유형화하는 질적 방식은 상담사 기반 유형화에서 주로 사용된다. 양적 방식은 통계 분석이나 설문지에 대한 점수제 등을 바탕으로 한다.

규칙 기반 유형화의 경우에는 설문조사 등을 실시하고 이 조사의 점수를 기준으로 또는 연령, 장애 여부 등 단순한 분류에 의해서 정책 대상자를 유형화한다. 예를 들어, 한국의 대표적인 고용서비스 정책인 국민 취업 지원 제도는 설문지를 사용해 구직 의지, 구직 장애 요인, 건강 상태 및 구직 역량을 점수제로 평가하는 취업 역량 평가를 활용하며, 구직자의 취업 역량 평가 점수가 63.5점 미만이면 A유형(종합 지원형, 능력 低, 의지 低), 63.5점 이상 77점 미만이면 점수가 보통으로 B유형(의욕 향상 지원형 또는 능력 향상 지원형), 77점 이상을 C유형(빠른 취업 지원형, 능력 高, 의지 高)으로 분류한다(고용노동부, 2025.1: 115). 이처럼 취업 역량 평가 점수를 기준으로 정책 대상자를 분류하므로 양적 방식의 규칙 기반 유형화로 분류될 수 있다. 또한 국민 취업 지원 제도의 B유형은 의욕 향상 지원형과 능력 향상 지원형으로 세분화되며, 점수가 A유형과 B유형 또는 B유형의 구분 기준에 인접한 경우에 최종 판단을 직업 상담사에게 허용하는 재량 구간이 존재한다(고용노동부, 2025.1). 이러한 측면에서 규칙 기반 유형화와 상담사 기반 유형화가 동시에 활용되는 것으로 분류할 수 있다(오선정 · 이재갑, 2025b). 이처럼 유형화의 다양한 종류가 복합적으로 활용되고 있다.

실업 급여의 경우 수급자 유형을 일반, 반복, 60세 이상 · 장애인 3유형으로 구분하는데(고용노동부, 2025.3.26), 이는 단순히 실업 급여의 수급 횟수, 연령, 장애 여부로 구분하는 것이므로 규칙 기반 유형화로 분류할 수 있다(오선정 · 이재갑, 2025b).

통계적 유형화 또는 프로파일링은 사전에 정해진 기준이나 직업 상담사와 같은 사람의 판단에 의해 정책 대상자를 유형화하지 않고, 대신 통계적 유형화 도구(profiling tools)를 활용한다. 통계적 유형화 도구는 자료를 통계적으로 분석한 결과를 바탕으로 유형화를 하는 것이므로 양적 방식이다. 통계적 분석에는 회귀 분석,

AI 시스템 등 다양한 방식이 포함된다. 이러한 통계적 유형화 도구는 기계 학습을 기반으로 한 AI가 등장하기 이전인 1990년대부터 해외의 고용서비스 분야에서 활발하게 활용되고 있다(오선정 · 이재갑, 2025a). 즉, 통계적 유형화 도구가 AI 시스템만을 기반으로 하는 것은 아니지만, 최신의 통계적 유형화 도구는 대체로 AI를 활용하고 있다.

## 유형화와 프로파일링

유형화는 영어로 'profiling(프로파일링, 식별)' 또는 'segmentation(세그멘테이션, 구분)'으로 표현된다(Barnes et al., 2015: i). 'segmentation' 대신 'classification(클래서피케이션)'이라는 용어로도 표현된다.

고용서비스 분야에서 프로파일링은 고용서비스 대상자의 개인적 특성과 배경 등을 바탕으로 상담, 미리 정해진 규칙 또는 통계적 분석을 통해 취업 확률 등을 '식별'하는 것을 의미하고, 세그멘테이션은 고용서비스 대상자를 유형으로 '구분' 또는 '분류'하는 것을 의미한다(오선정 · 이재갑, 2025b).

프로파일링이라는 용어는 국내에서 폭넓게 활용되고 있지만 그 용어에 유념할 필요가 있다. 일반적으로 AI 기반 프로파일링의 3가지의 주요 특징은 자동화된 처리, 개인정보의 분석, 자연인의 개인적인 특성을 평가하기 위한 목적으로 활용되는 것이다(EDPB, 2018). 즉, AI 기반 프로파일링은 개인정보를 바탕으로, 분석하고자 하는 결과와 개인 특성의 상관관계를 자동으로 분석해서, 그 자연인의 현재와 미래에 대한 결과물을 예측하는 것으로 유형화 중에서 통계적 유형화의 일부를 의미한다. 하지만 평가나 예측을 포함하지 않는 단순한 구분(segmentation이나 classification)의 특성만을 가진 규칙 기반 유형화는 프로파일링으로 표현하기에 적합하지 않다.

EDPB(2018)에서 원칙적으로 금지하는 프로파일링이란 개인정보를 자동으로 가공하여 자연인에 대한 개인적인 특성을 평가하거나 예측하지만 인간의 개입 등의 보호 장치가 없는 경우다. 프로파일링은 개인정보를 바탕으로 결과물을 예측하는 과정에서 통계적 차별이 발생하기 때문이다. 반면, AI 기반 프로파일링이 등장하기 이전부터 다양한 목적으로 정책 대상자를 구분한 규칙 기반 유형화나 상담사 기반 유형화 등에서는 통계적 차별이 발생할 여지가 작다.

EU 등의 AI 관련 국제 법규의 규제 대상도 규칙 기반 유형화나 상담사 기반 유형화가 아니라 통계적 유형화의 일부에 해당하는 AI 기반 프로파일링이다. 현재 매우 폭넓게 사용되고 있는 고용서비스의 프로파일링은 AI 기반 고용서비스의 핵심 요소라고 볼 수 있다.

## AI의 활용 성격에 따른 차별의 상이성

AI를 활용한 프로파일링이나 자동화된 의사 결정에 의해 차별이 발생하고 있다. 하지만 그 자동화된 의사 결정의 특성에 따라 차별이 발생할 여지는 다르다. 전적으로 AI에 의한 의사 결정을 하는 것에 비해서 그 판단의 과정에서 인간이 의미 있는 개입(meaningful intervention)을 할 경우에는 차별이 발생할 여지가 확연히 낮다.

또한 자동화된 의사 결정의 경우에도 프로파일링과 마찬가지로 AI의 분석 결과가 정책 결정으로 직접 연결되는 것이 아니라, 그 결과가 인간의 의사 결정의 보조 자료로만 활용된다면 차별이 발생할 여지는 작다. 즉, AI 시스템이 자동화된 절차에 따라 의사 결정 또는 프로파일링을 하더라도 그 결과를 어떻게 활용하는지에 따라 차별이 발생할 여지는 다르다.

## AI 기반 프로파일링 활용의 목적

이처럼 AI 기반 프로파일링은 분류 대상자의 특성을 식별하고, 그 식별 결과에 따라 분류 대상자에게 차별화된 서비스 등을 제공하거나 의무를 부과하기 위한 목적으로 활용된다. 즉, 단순히 특성을 파악하고자 하는 것이 궁극적인 목적이라기보다는 이러한 특성을 바탕으로 달성하고자 하는 별도의 목적이 있다.

민간의 고용 분야에서 AI 기반 프로파일링은 프로파일링을 통해 면접 대상자를 선발하거나, 채용할 사람이나 해고할 사람 등을 선택하기 위해서 사용된다.

반면, 정책에서 AI 기반 프로파일링을 활용하는 근본적인 목적은 우선 정책 대상자를 구분하고, 그 이후 정책 대상자에 대한 최적의 정책 수단이나 내용 등을 선정하기 위해서다. 정책 대상자가 개인이라면 개인별로 최적의 정책 수단이나 내용을 결정하고자 하고, 정책 대상자가 사람이 아니라 기관이라면 기관별로 최적의 수단을 결정하고자 하는 것이다. 최적의 기준에는 효과성, 효율성 등이 포함된다.

예를 들어, 고용서비스 정책의 경우에는 AI 기반 프로파일링의 목적은 정책 대상자가 개인인 경우 개인의 구직, 전직 또는 이직을 지원하기 위한 최적의 정책 수단이 직업 훈련인지 진로 설계인지 아니면 취업 알선인지 등을 선정하기 위해서 활용된다. 또 정책 대상자가 고용서비스의 민간 위탁 기관이나 행정 기관인 경우 각 기관에 배정할 예산이나 상담자 수 등을 결정하기 위해서 활용된다.

## 고용서비스 유형화의 목적

고용서비스 분야에서 규칙 기반 유형화와 직업 상담사 기반 유형화를 포함하는 경우 유형화의 목적은 정책 대상자의 위험성을 분석하는 것과, 다양한 고객에게 필요에 따라 고용서비스에 대한 자원을 다르게 제공하는 고객 차별화로 구분할 수 있다(Konle-Seidl, 2011). 즉, 고용서비스 정책은 유형화를 활용하여 고용서비스 이용 대상자의 위험성을 파악(risk identification)하고, 자원을 배분(resource allocation)하고, 취업 알선 등을 통해 구직자와 고용주를 연결(matching)하고, 개인 또는 기관인 정책 대상자에 대한 상세 계획을 수립(action planning)하고자 한다(Weber, 2011). 따라서 고용서비스 분야 유형화의 핵심은 예산과 인력과 같이 한정된 고용서비스 자원을 위험성 등으로 구분한 특정 정책 대상자에게 제공할 수 있도록 서비스 대상자 맞춤형(customized)

정책 방안을 발굴하는 것이라고 볼 수 있다(오선정 · 이재갑, 2025b).

AI 기반 고용서비스가 도입되면서 AI가 하는 주된 기능은 구직자를 세분화하여 고용서비스 수단이나 그 내용을 구직자 개별에게 맞춤형으로 제공하는 것이다. AI 기반 고용서비스의 핵심이 맞춤형 서비스의 제공이기 때문에, AI 기반 프로파일링을 도입하는 것은 기존의 고용서비스 정책과 AI 기반 고용서비스 정책을 통합적으로 연계할 수 있는 방안이 될 수 있다. 유형화 중 AI를 활용하여 의사 결정을 하는 디지털 고용서비스가 주로 활용하는 유형화의 종류는 규칙 기반 유형화나 직업 상담사 기반 유형화가 아닌 통계적 유형화다.

이처럼 AI 기반 프로파일링을 도입해서 정책의 전달체계를 융합시킬 수 있다면 새롭게 도입되는 AI 기반 고용서비스 정책과 기존의 정책이 원활하게 연계되어 유형화가 궁극적으로 추구하는 고용서비스 정책의 효율성도 높아질 수 있다.

## 고용서비스 분야 통계적 유형화의 활용

이러한 통계적 유형화의 장점으로 인해 다수의 국가는 의무적으로 통계적 유형화를 활용하게 한 후 이를 바탕으로 직업 상담사가 상담을 진행하고 있다. 아일랜드의 경우 구직자는 의무적으로 온라인에서 유형화 설문조사를 완료해야 지역 고용 센터(Intreo Centre)에 등록할 수 있고, 설문조사의 점수를 바탕으로 유형화 점수(PEX score)가 도출되지만 이는 개인에게 공개되지 않는다(Barnes et al., 2015: ii). 독일의 자료 기반 통계적 유형화 결과는 직업 상담사의 평가와 결합되며, 통계적 유형화 결과는 전문가인 직업 상담사의 재량에 의해 수정될 수 있다(Barnes et al., 2015: iii). 네덜란드의 경우 직업 상담사와의 최초 면담 이후에 구직자는 온라인 서비스를 활용해야 하며, 이후의 대면 서비스는 유형화 결과에 따라 노동시장 취약 계층에 한정된다. 즉 네덜란드의 경우 온라인에서 진행되는 유형화의 결과는 대면 고용서비스와 자동으로 연결(the automatic linkage of profiling with the UWV employment services on offer)된다(Barnes et al., 2015: iv). 호주는 자료 기반 통계적 유형화(Jobseeker Classification Instrument: JSCI)를 활용하고 있으며, 실업 급여 수급 신청을 위해서는 의무적으로 유형화를 거쳐야 하고 직업 상담사가 유형화의 결과를 거의 바꿀 수 없다(Barnes et al., 2015: v). 프랑스의 직업 상담사도 디지털 고용서비스 누리집인 Pôle

Emploi(2024년부터 France Travail로 개편)의 통계적 유형화 결과를 바탕으로 한 노동시장 정보 도구와 취업 알선 도구를 활용한다(Barnes et al., 2015: ii). 통계적 유형화의 도구로 단순한 통계 분석을 활용하는 경우도 있으며 AI 시스템을 활용하는 경우도 있다.

## 통계적 유형화의 한계

일반적으로 디지털 전환은 경제·사회를 발전시키고 삶의 편의성을 향상시키는 유용한 도구로 작용하지만 부정적 영향(개인정보 오남용, 윤리 문제 야기, 사회적 격차 심화 등)을 미칠 수도 있는 양면성을 보유하고 있다(구본진, 2022). 특히 AI를 기반으로 하는 의사 결정의 경우 AI의 핵심 요소인 데이터의 편향성 및 자동화된 의사 결정 과정의 투명성 결여로 인해 차별적 결과가 나타날 가능성이 있다(홍성민, 2025). AI가 편견을 학습하여 채용, 인사, 노무 및 해고 등에서 차별적인 판단을 할 때 노동법적 문제도 발생할 수 있다(양승엽 외, 2024). 이러한 통계적 차별의 가능성은 고용서비스에서 활용하는 통계적 유형화 도구가 고위험 구직자를 식별하는 예측력이 낮을수록 높아질 수 있다(오선정·이재갑, 2025b).

## 한국의 AI 기반 고용서비스

AI 기반 고용서비스의 대표적인 프로그램은 고용24에서 제공되는 잡케어와 AI 추천 정보다.

잡케어는 AI 서비스로 개인이 입력한 이력 정보를 분석하여 보유한 직무 역량을 제시하고 연관 있는 직업을 추천하는 서비스로 경력 개발 경로, 취업 시장 정보 및 추천 정보를 제공한다. 잡케어에서 관심 사항 입력과 프로필 작성의 두 가지 방법으로 직업 설계서를 만들 수 있다. 첫째, 관심 사항 입력의 경우 관심 사항에 키워드를 입력하면 직업 추천을 확인할 수 있으며 총 10개의 추천 직업 중 원하는 직업을 선택하여 직업 설계서를 만들 수 있다. 둘째, 학력 사항, 직업 훈련, 자격증, 경력 및 경험, 보유 능력 등으로 프로필을 만들어 10개의 직업을 추천받고 직업 설계서를 만들 수 있다. 이 중 직업 훈련 수강 내역의 경우 HRD 직업 훈련을, 자격증의 경우 Q-net 보유 자격 면허를, 경력 및 경험의 경우 고용보험 및 월드잡 해외 경험 이력을 바탕으로 일부 정보를 채우는 것이 가능하다. 두 가지 방법으로 작성된 직업 설계서를 바탕으로 개인이 보유한 직무 능력을 파악하고 경력 개발을 위해 필요한 시장 정보를 확인할 수 있으며, AI가 맞춤형 일자리, 직업 훈련 및 자격증을 추천한다. 이처럼 잡케어 시스템은 개인 진단 정보와 개인별 맞춤형 훈련, 자격증 및 일자리 추천 정보를 제공하지만, 이는 구직자가 입력한 정보를 기반으로 분석한 결과이지 빅데이터 등을 활용하여 통계적 유형화를 도입해 구직자의 노동시장 (재)진입 확률이나 실업 확률을 예측한 결과는 아니다. 또한 국민 취업 지원 제도의 규칙 기반 및 직업 상담사 기반 유형화와 비교 시 잡케어 시스템은 고용서비스 정책 대상자의 구직 의욕과 같은 소프트 스킬을 분석하지 않는다. 국민 취업 지원 제도의 직업 상담사 기반 유형화는 직업 상담사가 정책 대상자를 면담한 결과를 바탕으로 소프트 스킬에 대한 파악이 가능하기 때문이다.

이와 같은 한계로 인하여 고용24 홈페이지에 게시된 '대국민용 잡케어 활용 가이드'는 잡케어 결과를 활용 시 유의사항으로 다양한 정보를 종합하여 잡케어의 결과를 해석하는 것을 추천한다. 하지만 AI 기반 고용서비스인 잡케어의 분석 결과에 따라 상담사와의 면담 여부 등 고용 센터에서 제공되는 서비스가 차별화되지 않는다.

AI 추천 정보는 고용24에서 구직 신청을 한 사용자가 작성한 이력서 및 구직 활동, 직업 훈련 수강 이력 등을 활용하여 인공지능 분석을 통해 적합한 채용 정보, 훈련 정보 및 자격 정보를 제공한다. 고용24 사용자가 작성하는 이력서는 인적 사항, 학력 사항, 희망 조건 및 보유 역량을 포함한다. 인적 사항은 성별과 연령, 주소 등을, 학력 사항은 학교명, 재학 기간, 재학 상태, 학점, 전공 등을, 희망 조건에는 희망 직종, 경력 여부, 희망 직무 내용, 희망 근무 지역 및 임금, 고용 형태, 희망 근무 시간 등을, 보유 역량에는 외국어 능력, 컴퓨터 활용 능력, 운전 및 차량 소유 여부 등을 포함한다. AI 추천 정보는 직무 역량을 중심으로 구체적으로 작성하면 일자리 매칭 정확도를 높일 수 있다. 직종, 지역을 추가하여 추천받기를 선택할 수 있다.

채용 정보의 경우 AI가 고용24 사용자 중 구직 정보 및 활동 정보가 비슷한 패턴을 보이는 사용자들이 지원한 일자리를 분석하여 인기도가 높은 일자리를 추천한다. 훈련 정보의 경우 AI가 비슷한 훈련을 받은 다른 사용자들이 수강한 훈련 정보를 분석하여 인기도가 높은 훈련 정보를 추천한다. 자격 정보의 경우 AI가 연관 규칙 분석을 통해 사용자가 가지고 있는 자격증과 연관도가 높은 자격증을 추천한다. 이러한 추천 기준은 통계적 유형화를 활용하고 있지 않다는 것을 보여 준다.

## 한국의 AI 기반 통계적 유형화

AI 기반 고용서비스가 활성화되면서 전 세계적으로 고용서비스 분야에서 AI 기반 통계적 유형화가 매우 폭넓게 사용되고 있다. 하지만 국내에서는 AI 또는 정교한 통계 모형을 활용한 통계적 유형화가 아직 본격적으로 사용되고 있지 않아 도입의 필요성이 지속적으로 제기되고 있다.

표 8-1에 제시된 바와 같이 국민 취업 지원 제도, 실업급여 및 직업 훈련의 경우에는 규칙 기반 유형화나 직업상담사 기반 유형화를 활용하고 있다. 또한 이러한 유형화의 분석 결과를 바탕으로 정책 대상자에게 차별적인 서비스를 제공하며 이를 통해 정책의 효율성과 효과성 등을 높이고자 한다. 이처럼 유형화가 의무적으로 활용되고 있다는 것은 한국 고용서비스는 전통적으로 유형화를 활용하여 지원하는 정책의 세부 사항을 결정하는 것을 강조해 왔다는 것을 보여 준다(오선정 · 이재갑, 2025b).

하지만 개인을 서비스 대상자로 하는 AI 기반 고용서비스인 AI 추천 정보와 잡케어는 아직까지 AI 기반 프로파일링 도구 또는 통계적 유형화 도구를 활용하고 있지 않다. 이로 인해 국민 취업 지원 제도, 실업 급여 및 직업

**표 8-1** 고용서비스 사례별 유형화의 특성

| 구분 | 유형화 방법 | 유형화 도구 | 유형화 결과 활용 | 유형화 활용의 의무성 |
|---|---|---|---|---|
| 국민 취업 지원 제도 | 규칙 기반 유형화, 직업 상담사 기반 유형화 | 취업 역량 평가(대면 설문조사), 직업 상담사의 판단 | 참여자 유형에 따른 지원 정책의 구분 | 의무 |
| 실업 급여 | 규칙 기반 유형화 | 실업자 조건(수급횟수, 연령, 장애 여부 등) | 실업 인정 방식 및 주기, 재취업 활동 인정 범위, 실업 급여 지급액 등의 구분 | 의무 |
| 직업 훈련 | 규칙 기반 유형화 | 훈련 진단상담(온라인 설문조사) | 참여 대상별 지원, 직업 훈련 과정 구분 | 의무(140시간 이상 훈련 희망자) |
| AI 기반 고용 서비스 | 통계적 유형화(도입 예정) | 취업 확률 모델(도입 예정) | 미정 | 미정 |

출처: 오선정·이재갑, 2025b: 129쪽.

훈련에서 모두 디지털 정책 요소가 포함되어 있지만 AI 기반 고용서비스인 AI 추천 정보 등과 정책의 전달 체계가 통합되어 있지 않다. 따라서 현재 한국의 전통적인 고용서비스 정책과 AI 기반 고용서비스의 연계 수준이 높지는 않다.

즉, AI 기반 고용서비스인 잡케어 및 AI 추천 정보는 국민 취업 지원 제도, 실업 급여 및 직업 훈련과 실질적으로 연계되지 않은 상태에서 별도로 활용되고 있다. 향후 AI 기반 고용서비스를 통해 구직자, 실직자, 직업 훈련생 등 다양한 고용서비스의 정책 대상자의 특성에 따라 가장 적합한 고용서비스 정책과 수단을 선정하기 위해서 AI 기반 프로파일링 또는 통계적 유형화의 도입과 활용은 불가피할 것이다(오선정 · 이재갑, 2025b).

### 참고문헌


고용노동부(2025.1). "국민취업지원제도 업무매뉴얼".

고용노동부(2025.3.26). "실업 급여 반복수급자 재취업 지원 강화". https://www.moel.go.kr/news/cardinfo/view.do?bbs_seq=20250301660

구본진(2022). "디지털 전환의 미래사회 위험이슈 및 정책적 대응 방향: 인공지능을 중심으로". 《기술혁신연구》, 30(1), 1~20쪽.

양승엽 외(2024). "인공지능(AI)의 인사노무관계 진입과 노동법적 쟁점". 한국노동연구원.

오선정·이재갑(2025a). "인공지능 기반 고용서비스의 통계적 차별 가능성 연구: 잡케어 시스템을 중심으로". 《노동정책연구》, 25(1), 33~66쪽.

오선정·이재갑(2025b). "한국 고용서비스의 유형화 특성 분석 및 개선 방안 연구". 《노동정책연구》, 25(3), 115~137쪽.

홍성민(2025). "인공지능시대의 노동법적 과제에 관한 소고: 경제학, 사회학 및 법학 학제간 연구를 통하여". 《노동정책연구》, 25(2), 29~56쪽.

Barnes, S. A. et al.(2015). Identification of latest trends and current developments in methods to profile jobseekers in European Public Employment Services. European Commission.

Desiere, S. et al.(2019). Statistical profiling in public employment services: An international comparison. OECD Social, Employment and Migration Working Papers, 224.

Desiere, S. & Struyven, L.(2020). Using artificial intelligence to classify jobseekers: The accuracy-equity trade-off. SPSW Working Paper.

European Data Protection Board(2018). Guidelines on Automated individual decision-making and Profiling for the purposes of Regulation 2016/679(wp251rev.01). https://ec.europa.eu/newsroom/article29/items/612053

Konle-Seidl, R.(2011). Use of profiling for resource allocation, action planning and matching. Discussion Paper for PES to PES Dialogue Conference. European Commission.

Loxha, A., & Morgandi, M.(2014). Profiling the Unemployed: a review of OECD experiences and implications for emerging economics. Social Protection Discussion paper. World Bank Group.

Weber, T.(2011). Profiling systems for effective labour market integration. Thematic Synthesis Paper for PES to PES Dialogue Conference. European Commission.

## 09
# 고용서비스 분야 통계적 차별의 대응 방법

AI 기반 고용서비스의 분석 결과를 전면적으로 신뢰하기보다는 직업 상담사 상담의 보조 자료로 활용하고, 민간 고용서비스 등의 자료를 확보하여 AI가 분석하는 노동시장의 대표성을 높이고 이를 시의적절하게 관리해야 한다.

AI와 기자?

## 정부의 의무

2026년 1월 시행될 예정인 「AI 기본법」에 따르면 "국가 및 지방 자치 단체는 인공지능이 가져오는 사회 · 경제 · 문화와 국민의 일상생활 등 모든 영역에서 변화에 대응하여 모든 국민이 안정적으로 적응할 수 있도록 시책을 강구하여야 한다"(제3조 4항). 이를 위해 인공지능 기본 계획을 수립해야 하며, 기본 계획에는 "인공지능의 공정성 · 투명성 · 책임성 · 안전성 확보 등 신뢰 기반 조성에 대한 사항"(제6조 2항 5)과 "인공지능 기술의 발전 방향 및 그에 따른 교육 · 노동 · 경제 · 문화 등 사회 각 영역의 변화와 대응에 관한 사항"(제6조 2항 6) 등이 포함되어야 한다. 또한 정부는 인공지능 기술의 안전한 이용을 지원할 수 있으며, 여기에는 "인공지능이 인간의 존엄성 및 기본권을 존중하는 방향으로 개발 · 이용될 수 있도록 하는 기술 또는 기준 등의 연구 개발 및 보급 사업"이 포함된다(제13조 제2항 5). 따라서 정부는 AI의 고용 차별에 대응할 의무가 있고, 이에 대비한 정책을 마련하고 시행할 필요가 있다.

AI가 고용 분야에서 활용되면서 변화될 내용은 무엇이며, 이에 대해 어떻게 대응해야 할까? 우선 민간 부문의 AI 활용에 대한 규제 및 감독이 필요할 것이다. 이에 대한 구체적인 대응 방안은 법적인 규제가 민간 부문에서 지켜지고 있는지 감시하고 감독하는 것이다. 또한 정부 정책 등 공공 부문에서 AI를 활용하면서 발생하는 고용 차별에 대응해야 한다. 이를 위해서는 고용서비스를 포함한 정책 전반에 대해서 AI의 분석 결과에서 편향성이 나타나는지 감시 · 감독하고, AI 분석 결과를 활용하면서 차별 문제가 발생할 가능성에 대해서 적극적으로 대응해야 한다. 구체적으로 AI 기반 고용서비스의 분석 결과를 어떠한 방식으로 활용할지를 고민하고, AI 위험성에 대한 어떠한 보호 장치를 마련할지 고민해야 한다.

## 활용 방식

앞서 살펴본 바와 같이 개인정보 보호 문제나 잘못된 정보의 도출 등을 제외하면 AI 활용의 가장 큰 위험성은 편향성이다. 하지만 이러한 위험성은 AI 분석 결과가 어떻게 활용되는지에 따라 달라질 수 있다.

AI에 의한 자동화된 의사 결정이 고용 분야에서 인간의 의미 있는 개입 없이 그대로 사용된다면 고용 차별의 문제가 가장 클 것이다. 하지만 인적 자본을 바탕으로 수익을 극대화하기 위한 채용, 인사 관리, 해고 등의 목적으로 AI의 분석 결과를 활용하는 것이 아니라, 노동시장의 마찰적 실업(일시적인 기업과 구직자의 미스매치) 등을 해결하기 위한 목적으로 공공 재정을 투입하는 고용서비스에서는 차별이 나타날 여지가 상대적으로 작을 것이다.

또한 AI의 자동화된 의사 결정이나 프로파일링의 결과를 바탕으로 개인별 최적의 고용서비스의 정책 수단이나 지원 수준을 결정할 수도 있다. 정부에서 AI 시스템의 분석 결과를 바탕으로 비용을 절약하는 것이 아니라, 이 절약된 시간과 비용을 활용하여 노동시장 취약 계층에 대한 정책 수단이나 지원 정도를 확대한다면 고용서비스의 효율성이 높아질 여지는 크지 않다.

하지만 절약된 비용을 노동시장 취약 계층에 재투자한다면 통계적 차별의 대상이 될 수 있는 노동시장 취약 계층의 취업 등에 도움이 되므로 오히려 이들에게 유리할 것이다(Desiere et al., 2019: 25). 즉, AI 시스템의 통계적 차별과 관련된 한계를 극복하는 방안은 AI 및 알고리즘의 분석 결과를 어떻게 활용하는지와 직결된 문제다.

## AI 기반 고용서비스의 차별

AI 분석 결과의 위험성에 대한 보호 장치를 마련하기 위해서는 고용서비스 분야의 AI 분석 결과에 차별이 나타나는 원인을 파악해야 한다. 표 9-1은 고용서비스에서 차별의 매개체를 전문가, 알고리즘, AI로 구분하여 제시한다. 표 9-1에 제시된 AI 기반 고용서비스에서 차별이 나타나는 이유는 알고리즘 개발자의 편견, 알고리즘 자체의 편의, 분석 자료의 편향성, 기계 학습 결과의 편향성(알고리즘 편의) 등을 포함한다. 전문가의 편견을 제외하면, 알고리즘 기반 정책 결정의 차별의 원인은 AI 기반 정책 결정에서도 동일하게 나타난다. 하지만 AI 기반 고용서비스에서 차별이 나타나는 추가적인 이유는 분석 자료의 편향성과 기계 학습 결과의 편향성이다. 따라서 이에 대한 적극적인 대응과 보호 장치(safeguards)를 마련하는 것이 필수적이다.

## AI의 위험성에 대한 보호 장치의 마련

AI의 위험성에 대한 보호 장치에는 의미 있는 자료의 확충 및 관리, 그리고 알고리즘 및 분석 결과에 대한 지속적인 내부 및 외부 모니터링이 포함된다. 또한 통계적 유형화 도구가 활용하고 있거나 활용할 예정인 고용서비스 분야 유형화에 대한 기준, 알고리즘, 분석 자료, 유형화 결과의 도출 방법에 대해 명확하게 공개해야 한다.

**표 9-1** 고용서비스에서 차별의 매개체

| | 전문가 기반 정책 결정 | 알고리즘 기반 정책 결정 | AI 기반 정책 결정 |
|---|---|---|---|
| 정책 결정의 주체와 특징 | · 인간의 경험/ 전문성에 근거<br>· 인간의 지능/ 학습력/판단력에 근거<br>· 인간의 직관/ 창의력 활용 | · 알고리즘의 지능/ 학습력/ 판단력에 근거<br>· 알고리즘의 분류·비교·대조 능력 활용<br>· 정책 분석은 기계, 최종 결정은 인간 | · 객관적 데이터와 기계 학습에 근거<br>· 인간의 오류 배제, 기계의 오류 함축<br>· 정책 결정의 무인화 /자동화 |
| | · 정책 결정시 민주성, 정치성 고려 | · 정책 결정의 효율성 중시 | · 정책 결정의 합리성 극대화 |
| 고용서비스에서 차별의 매개체 | · 전문가 편견 | · 전문가 편견 | - |
| | - | · 알고리즘 개발자의 편견<br>- 알고리즘 분석 결과의 편향성<br>· 알고리즘 편의<br>- 알고리즘의 사용에 따른 편의 | · 알고리즘 개발자의 편견<br>- 알고리즘 분석 결과의 편향성<br>· 알고리즘 편의<br>- 알고리즘의 사용에 따른 편의 |
| | - | - | · 분석 자료의 편향성<br>· 기계 학습 결과의 편향성 |

출처: 오선정·이재갑, 2025a: 52쪽.

## 분석 자료의 확충 및 관리

고용서비스에서 AI를 활용하는 대표적인 방법인 프로파일링을 위해 AI가 분석할 신뢰성 있는 자료 자체를 확보하는 것이 어렵다. 또한 이미 확보한 분석 자료가 최신이 아니거나 자료에 오류, 편향성, 절단 등의 문제가 있다면 차별이 발생할 여지는 더욱 크다. 신뢰성 있는 자료를 알고리즘으로 분석하는 경우에도 데이터가 대표성이 없는 표본 편향이 있다면 AI의 분석에서 결과적으로 차별 문제가 발생할 수밖에 없다(Williams et al., 2018; EDPB, 2018: 12).

따라서 AI 기반 고용서비스가 양질의 개인 맞춤형 서비스를 제공하기 위해서는 AI가 분석할 양질의 자료를 확보하는 것이 전제되어야 한다. 비공식 노동시장의 문제 및 공공 부문의 고용서비스와 민간 부문의 고용서비스를 활용하는 사람의 특성에 상당한 차이가 있다는 점을 감안하여(오선정 · 이재갑, 2025a), 공공 부문의 행정자료만을 확보하는 것이 아니라 민간 고용서비스 등 노동시장의 대표성을 높일 수 있는 자료를 확보하여 AI가 분석하도록 할 필요가 있다.

하지만 개인정보의 문제로 AI가 분석할 다양한 정보를 확보하는 데 많은 한계가 있다. 따라서 개인정보를 활용하기 위해서는 EU의 「개인정보 보호 규정」에서 강조하는 바와 마찬가지로 정보 주체인 사람의 명시적인 동의를 받는 것이 필수적이다. 즉 개인정보의 수집 절차에서부터 이 자료의 수집 및 활용 여부, 활용 목적 등에 대한 동의를 받아야 한다. 그리고 이러한 개인정보 활용에 대한 동의는 간결하고(concise), 명료하고(transparent), 이해하기 쉽고(intelligible), 쉽게 접근 가능(easily accessible)해야 한다. 또한 필요 이상으로 과도한 정보의 수집은 제한해야 한다.

이후 분석 자료가 확보된다면 개인정보 처리로 인해 개인의 권리와 자유에 미칠 수 있는 잠재적 위험을 미리 분석하고, 이를 줄이기 위한 조치를 설계하는 EU의 데이터 보호 영향 평가(Data Protection Impact Assessment: DPIA)와 유사한 관리가 필요하다.

데이터 보호 영향 평가의 가이드라인(Guidelines on DPIA)에 따르면 새로운 개인정보의 처리 활동이 개인의 권리와 자유에 고위험을 초래할 가능성이 있는지 확인하고, 어떤 개인정보를 수집하는지와 처리 목적과 법적 근거에 대해 설명한 후, 해당 처리 활동이 목적 달성을 위해 꼭 필요한지 확인하고, 데이터 주체에게 발생할 수 있는 위험을 도출하고, 위험의 심각도와 발생 가능성을 평가하고 위험 완화 대책을 설계해야 한다.

마지막으로 분석 자료를 단순히 확충하고 사전 평가 등을 통해서 관리하는 것에서 더 나아가 이 자료가 정확한지 확인하고 최신의 자료로 업데이트되도록 관리해야 한다. 분석 자료의 확충과 갱신은 통계적 차별을 완화시킬 수 있는 방안이기도 하다.

## 분석 변수의 관리 및 모니터링

AI 또는 기계 학습 알고리즘은 자료의 변수 간 관계를 학습하여 변수 간의 관계를 예측하면서 통계적 차별이 발생한다(Williams et al., 2018: 83). 이로 인해 일부 국가에서 AI 기반 구직자 프로파일링의 결과에서 여성, 이민자, 특정 인종 등에 대해 차별이 발생하여 AI가 성별, 이민자, 인종 등을 의미하는 단어 자체를 분석하지 못하게 금지하기도 한다. 하지만 AI 알고리즘은 관계를 예측할 변수가 없다면 유사한 변수를 대리로 사용한다. 따라서 이러한 제한된 변수의 사용은 그 변수의 특징을 가진 사람들에 대한 통계적 차별을 예방하기보다는, AI 시스템이 우회적으로 이들의 특성을 반영하는 자료를 대신 분석하여 통계적 차별의 발생 여지는 크게 다르지 않다. 심지어 이러한 대리 변수는 정확성이 떨어져서 측정 편향이 더 크게 나타나기도 한다. 예를 들어, 거주자의 사회경제적 지위의 대리 변수로 거주지의 우편번호를 이용하는 경우에 정확성이 떨어져 가난한 동네에 사는 사람들이 차별적으로 대우받기도 한다.

아마존의 기술자 채용의 경우에도 여성을 알고리즘에서 분석할 수 없도록 하자 여성을 대신해 여자 대학 출신인지와 여성들만 가입하는 동아리에 참여한 경험이 있는지를 알고리즘이 대신해서 분석하였다. 따라서 이민 여부, 인종 등의 변수의 경우 사용을 제한하더라도 AI는 데이터 마이닝을 통해 이를 대체할 수 있는 다른 변수를 찾아내는 것이 가능하다.

따라서 AI 기반 고용서비스에서 장애 등의 특정 변수를 사용하는 것 자체를 차단하기보다는 정보 주체에게 명시적으로 특정 정보의 활용에 대한 동의를 받고 이러한 정보를 활용하고, 이러한 변수에 따라 어떠한 차별적 결과가 나타나는지에 대해 모니터링할 필요가 있다.

## 민감 정보의 도출 및 관리

성별 등에 대한 유추 이외에도 AI는 데이터 마이닝을 통해 인종·민족적 출신(ethnic origin), 성적 취향 등과 같은 민감한 정보를 도출할 수 있다. 하지만 민감한 정보 분류(special categories of data)를 AI를 통해 도출하기 위해서는 다음의 세 가지를 충족해야 한다(EDPB, 2018: 21). 첫째, 민감 정보를 도출하는 목적과 그 자료를 분석하는 원래 목적이 부합해야 한다. 둘째, 특정 분류를 도출하는 데 법적인 근거가 있어야 한다. 셋째, 이러한 도출 여부를 정보 제공자에게 알려야 한다.

따라서 이러한 민감 정보의 도출에는 더욱 엄밀한 기준이 요구되며 이에 따른 차별적 결과가 나타나는지에 대해서도 엄격한 모니터링이 요구될 것이다.

## 직업 상담사의 의미 있는 개입

EU는 정보 주체에게 자동화된 의사 결정에 대한 인간 개입 요구권을 부여한다. 여기서 인간의 개입이란 단순히 사람이 결과를 확인만 하는 형식적인 절차가 아니라, 알고리즘의 결론을 실질적으로 검토(substantive review)하고, 필요한 경우 수정 · 철회할 수 있는 권한을 가진 적극적인 개입을 의미한다(EDPB, 2018).

기존 EU의 「개인정보 보호 규정」에서도 사람이 개입해서 자동화된 의사 결정 또는 프로파일링에 따라 의사 결정을 하는 경우와, 인간의 의미 있는 평가가 없이 전적으로 자동화된 의사 결정 또는 프로파일링(solely automated decision-making, including profiling)을 하는 경우를 구분하며, EU의 「일반개인정보법」은 후자를 금지한다(EDPB, 2018: 8~9). 따라서 인간이 의미 있는 개입을 통해 AI의 분석 결과를 활용하는 것은 허용된다.

고용서비스에서 AI의 자동화된 의사 결정이 내려진 후에 이 결정에 개입하고 이를 통해 통계적 차별을 방지할 수 있는 역할을 하기에 가장 적절한 자는 직업 상담사일 것이다. 따라서 AI 기반 자동화된 의사 결정이나 프로파일링에 내재된 통계적 차별을 최소화하기 위해서 인간인 직업 상담사가 AI의 의사 결정에 개입할 필요가 있다. 이 개입은 직업 상담사의 단순한 참여가 아닌 직업 상담사가 AI의 결정을 재고하고, 이를 수용하는 권리 등을 포함한 실질적이고 의미 있는 개입을 의미한다.

## 직업 상담사의 역할

AI 기반 고용서비스에서 통계적 차별의 대상이 될 수 있는 특정 계층에 대해서 직업 상담사가 개입하여 맞춤형 대면 취업 지원을 제공할 수 있다면, 통계적 차별은 오히려 노동시장에서 취약한 구직자에게 긍정적으로 작용할 수 있다. 또한, 통계적 차별의 대상이 되는 고위험 구직자를 유형화할 때는, 이들을 지원할 수 있는 정책이 수반되고 이러한 지원 정책이 효과적인 경우에만 유용할 수 있다(Desiere & Struyven, 2020).

따라서 AI 기반 고용서비스의 분석 결과는 직업 상담사가 고위험 구직자(장기 실업 가능자)에게 정책의 지원 정도를 증가시키는 방향으로, 즉 수익적으로 서비스를 차등화하거나, 대면 서비스에 의한 정책 수단을 추가적으로 지원할 수 있도록 활용되는 것이 적합하다.

## AI 시스템 분석 결과의 점진적 활용

AI 시스템의 분석 결과는 시스템의 위험성을 고려하여 그 결과를 활용하는 방식을 점진적으로 확대할 필요가 있다. AI의 자동화된 의사 결정이나 프로파일링(통계적 유형화)에 차별과 같은 문제가 발생하지 않았을 때 그 결과가 적정성을 가질 수 있기 때문이다. 하지만 이러한 AI 시스템을 개발하는 데는 현실적인 제약이 많다.

따라서 고용서비스 분야의 자동화된 의사 결정이나 프로파일링을 위한 AI 시스템을 개발한 후 이를 전면적으로 고용서비스에 활용하기보다는 AI 시스템의 분석 결과를 신중히 모니터링하며 사용해야 한다(오선정 · 이재갑, 2025b). 즉, 분석 결과가 적정성을 가질 때까지 고용서비스 관련 의사 결정에서 AI 시스템의 분석 결과를 우선 참고 자료로만 사용하면서 점진적으로 활용방안을 확대할 필요성이 있다. 프로파일링 또는 통계적 유형화의 결과에 따라 전적으로 의사 결정이 이루어지지 않고 이 결과를 의사 결정의 참고 자료로 활용하는 것이 통계적 차별을 완화할 방안이기 때문이다(Desiere et al., 2019: 23).

또한, 통계적 차별의 가능성이 매우 낮다고 판단되는 경우에는 AI의 분석 결과를 직업 상담사의 판단에 따라 제한적인 의사 결정의 결정 자료로 활용할 여지가 있다. 예를 들어, 프로파일링의 분석 결과에 따라 저위험 구직자로 분류되는 전문직 등은 이론적으로 통계적 차별을 받을 가능성이 낮다. 따라서 이들에 대해서는 직업 상담사의 대면 상담 절차 등을 제외시켜도 통계적 차별의 문제가 발생할 여지가 크지 않을 수 있다(오선정 · 이재갑, 2025b).

추후 구직자의 위험도 등에 대한 예측력이 높고 분석 결과에서 편향성 문제가 나타나지 않는 AI 기반 고용서비스의 분석 도구가 개발된다면 이를 바탕으로 구직자에게 지원하는 정책 수단을 개인 맞춤형으로 차별화하는 방식으로 AI 분석 결과의 활용이 확대될 수 있을 것이다.

### 참고문헌

오선정·이재갑(2025a). “인공지능 기반 고용서비스의 통계적 차별 가능성 연구: 잡케어 시스템을 중심으로”. 《노동정책연구》, 25(1), 33~66쪽.

오선정·이재갑(2025b). “한국 고용서비스의 유형화 특성 분석 및 개선 방안 연구". 《노동정책연구》, 25(3), 115~137쪽.
Article 29 Data Protection Working Party(2017). Guidelines on Data Protection Impact Assessment (DPIA) and determining whether processing is "likely to result in a high risk" for the purposes of Regulation 2016/679, wp248rev.01. https://ec.europa.eu/newsroom/article29/items/611236
Desiere, S. et al.(2019). Statistical profiling in public employment services: An international comparison. OECD Social, Employment and Migration Working Papers, 224.
Desiere, S. & Struyven, L.(2020). Using artificial intelligence to classify jobseekers: The accuracy-equity trade-off. SPSW Working Paper.
European Data Protection Board(2018). Guidelines on Automated individual decision-making and Profiling for the purposes of Regulation 2016/679(wp251rev.01). https://ec.europa.eu/newsroom/article29/items/612053
European Union(2024). Regulation (EU) 2024/1689 of the European Parliament and of the Council of 13 June 2024 laying down harmonised rules on artificial intelligence and amending Regulations (EC) No 300/2008, (EU) No 167/2013, (EU) No 168/2013, (EU) 2018/858, (EU) 2018/1139 and (EU) 2019/2144 and Directives 2014/90/EU, (EU) 2016/797 and (EU) 2020/1828 (Artificial Intelligence Act). https://op.europa.eu/en/publication-detail/-/publication/dc8116a1-3fe6-11ef-865a-01aa75ed71a1/language-en
Williams, B. A. et al.(2018). How Algorithms Discriminate Based on Data They Lack: Challenges, Solutions, and Policy Implications. *Journal of Information Policy, 8*, pp.78~115.

## 10
## AI 기반 고용서비스 정책의 방향

AI 기반 고용서비스를 바탕으로 직업 상담사의 집중적인 지원 대상을 선정하고, 이들의 역량을 강화하고, AI 기반 고용서비스의 관리 책임자를 지정하는 등의 정책적 노력이 필요하다.

## AI 기반 고용서비스

현재 고용서비스에서 활용되고 있는 AI 기반 고용서비스 정책은 향후 투명성과 인간의 의미 있는 개입을 확보하는 방향으로 나아가야 한다. 투명성을 전제로 AI 기반 프로파일링의 결과를 활용하여 구직자나 실업자 등을 어떠한 방식으로 구분하는 것이 적합한지 설계해야 한다. 또한 AI 기반 분석 결과에 대해 의미 있는 개입을 할 수 있는 주체인 직업 상담사가 집중적으로 지원할 정책 대상자를 선정하고, 효과적인 지원이 이루어지기 위해 직업 상담사의 역량을 강화하고, 이들의 지속적인 역량 강화를 위해 채용 방식과 재량성을 확보할 방향을 고민하고, AI 기반 고용서비스의 관리 책임자를 지정하는 등의 정책적 노력이 필요하다.

## AI 기반 프로파일링의 도입 방식

투명성의 측면에서 AI의 활용 여부, 분석 결과의 도출 방법 및 도출된 결과는 고용서비스 정책 대상자에게 명확하게 공개되어야 한다. 예를 들어, AI에 의한 프로파일링(통계적 유형화)을 활용한다면 프로파일링의 알고리즘, 분석 자료 및 분석 결과도 공개되어야 하므로 유형화 결과의 구분 방식이나 명칭에 대해서도 고민할 필요가 있다.

분석 자료 및 분석 결과의 도출 과정을 공개하는 경우 통계적 유형화의 분석 자료에 직업 훈련 경험, 과거 취직 기간, 교육 수준 등이 반영된다는 것을 구직자가 알게 된다면 취직한 기간을 늘리려고 새로운 일 경험을 하거나, 새로운 직업 훈련 과정에 참여하는 등의 긍정적인 효과가 있을 수 있다. 반면, 추가적인 노력으로 달성하기 쉽지 않은 것에 대해서는 이를 바꾸고자 하는 노력은 하지 않을 것이다.

또한 유형화의 구분 및 그 명칭에 대해서 유형화의 대상인 구직자에게 어떠한 영향을 미칠지에 대해 고려해야 한다. 만약 유형화의 구분 시 AI 기반 통계적 유형화를 통해 실직자를 장기 실업 고위험, 중위험, 저위험이라는 명칭으로 구분하고 이 결과를 개인에게 공개한다고 가정해 보자. 과연 본인이 장기 실업 고위험이라는 유형에 포함된다는 AI의 분석 결과를 알게 된다면 이는 실직자에게는 어떠한 영향을 미칠까? 그 실직자가 장기 실업의 가능성에서 벗어나기 위해서 추가적인 노력을 할 것인지는 명확하지 않다. 오히려 이미 고위험군이기 때문에 추가적인 노력을 하지 않고 구직을 포기하는 것을 선택할 수도 있다.

따라서 AI 기반 프로파일링의 활용 여부, 활용 시 알고리즘, 분석 자료, 결과 등을 공개하는 것을 투명성의 측면에서 당연하지만, 이러한 것이 공개된다는 원칙하에 구직자나 실직자의 구직 의욕을 높일 수 있는 방식의 유형화를 설계하는 것이 필수적이다.

이러한 측면에서 유형화의 구분이 지나치게 세분화되어 있거나, 명칭에서 개인에 대한 부정적인 평가가 들어가지 않는 것이 바람직하다. 유형화 결과에 따라 특정 유형으로 구분된 구직자에게 구직에 대한 노력을 저해할 수 있는 침익적인 행정 행위를 하기보다는, 이들의 구직 의욕을 고취시킬 수 있는 수익적인 행정 행위를 제공하는 것이 제공하는 것이 바람직하다. 따라서 정책 대상자에게 추가적으로 지원되는 정책의 내용을 유형화의 구분 명칭에 사용하는 것이 적절할 수 있다.

## 직업 상담사의 의미 있는 개입

EU 등 국제 사회에서 AI 시스템의 분석 결과에 대해서 인간의 의미 있는 개입을 강조하는 바와 같이 통계적 차별을 포함한 AI 시스템의 한계를 극복하기 위해서 인간의 역할이 매우 중요하다. 따라서 AI 시스템을 활용한 고용서비스의 확산은 역설적으로 인간의 역할이 중요하다는 것을 보여 준다. 우선 AI의 알고리즘의 설계에 대한 인간의 개입, 분석하는 자료에 대한 인간의 개입, 분석 결과에 대한 사전 평가, 최종 도출된 분석 결과에 대한 지속적인 모니터링 등이 필요하다.

그리고 통계적 차별에 대한 AI 시스템의 사후 분석 결과에 대해서 의미 있는 개입을 하는 주체로는 고용서비스의 일선에서 구직자를 상담하는 직업 상담사가 가장 적합할 것이다. 즉, AI 기반 고용서비스에서 나타날 수 있는 통계적 차별이라는 내재적인 한계는 AI 기반 고용서비스를 활용하는 사람이 정보 주체인 구인자 및 구직자뿐만 아니라 직업 상담사라는 점에서 충분히 극복될 수 있다(오선정 · 이재갑, 2025a).

## 직업 상담사 업무의 재구성

AI 기반 고용서비스를 활용하면서 단순 프로세스 처리 등에 대한 효율성이 제고된다면, 절약된 시간과 비용을 노동시장의 취약 계층에게 집중하도록 직업 상담사의 업무를 재구성할 필요가 있다. 또한 통계적 차별 이론에 따르면 일반적인 노동시장의 취약 계층이 고위험 구직자로 분리될 가능성이 높다. 따라서 통계적 차별의 발생 가능성을 고려하여 통계적 차별의 대상이 될 수 있는 이상치의 집단인 노동시장의 취약 계층에게 오히려 대면 상담과 정책적 지원을 집중하는 것은 통계적 차별의 문제를 해결할 수도 있다(오선정 · 이재갑, 2025b).

물론 이러한 방향으로 업무 내용 및 재정 지원의 방향이 재구성된다면 원래 예상되는 AI 기반 고용서비스의 효율성이나 합리성을 달성하는 데는 제약으로 작용할 수 있다. 하지만 고용서비스의 효과성을 향상시키는 데 기여할 것이다.

## 직업 상담사의 역량 강화

직업 상담사가 AI 기반 고용서비스의 분석 결과를 바탕으로 구직자에게 의미 있는 개입을 하기 위해서는 이들의 역량이 중요하다. 이로 인해 AI 기반 고용서비스에서 필요한 역량을 강화시킬 필요가 있다. 우선 이들이 AI 시스템을 활용하고, 이를 활용하고자 하는 정책 대상자를 지원할 수 있는 디지털 역량을 갖추는 것이 필수적이다. 또한 AI 시스템의 분석 결과를 비판적으로 판단하고 더 나은 의사 결정을 할 수 있는 역량도 강화되어야 한다. 결과적으로 이러한 역량이 강화된다면 AI 시스템의 분석 결과에서 차별 문제가 발생하는지 이를 내부적으로 감지할 수 있고, 문제가 발생하였을 때 이에 대한 적극적인 재검토와 수정을 요청하여 차별의 부작용을 방지할 수 있을 것이다.

## 직업 상담사의 채용 방식

직업 상담사는 크게 정부의 고용 센터에서 근무하는 공무원 신분인 직업 상담사와 공공 고용서비스 사업을 위탁받은 민간 기관에서 근무하는 직업 상담사로 분류할 수 있다. 민간 위탁을 처음 시도한 이유는 공공 고용서비스 인력을 보완하기 위한 목적이며, 그 이후 각종 민간 위탁 사업을 통해 취업 설명회, 채용 박람회, 집단 상담 및 진로 지도 프로그램도 활성화하였다(오선정 외, 2024).

하지만 민간 위탁 직업 상담사의 근속 기간은 공무원 신분의 직업 상담사에 비해 짧기 때문에, 민간 위탁 직업 상담사의 역량을 증대시키는 데 한계가 있을 수밖에 없다. 또한 고위험 구직자에 대한 프로파일링은 이들을 지원할 정책이 있는 경우에만 유용할 수 있는 바와 같이(Desiere & Struyven, 2020), AI 기반 고용서비스의 분석 결과에 대한 직업 상담사의 의미 있는 개입을 위해서는 이들이 활용할 수 있는 자원과 재량성의 강화를 전제로 할 때 가능하다. 전문성을 바탕으로 한 재량적인 판단에 따라 추가적인 자원을 활용하는 주체는 민간 위탁 직업 상담사보다는 일선 관료인 공무원 신분의 직업 상담사 또는 공공기관에 소속된 직업 상담사가 적합할 것이다.

따라서 AI 기반 고용서비스로 인해 경감될 공공 고용서비스 조직의 행정 업무에 대한 전망과 향후 더욱 전문성이 요구되는 직업 상담사의 역량에 대한 수요를 바탕으로 가장 효과적이고 효율적으로 공공 고용서비스를 전달하는 방식에 대한 고민이 필요하다(오선정 · 이재갑, 2025a).

## AI 시스템 관리자의 필요성

AI 시스템의 투명성을 보장하기 위해서는 분석 자료, 분석 결과의 도출 과정, 분석 결과의 편향성 등을 관리할 책임자가 필요하다. 직업 상담사는 분석 결과의 활용 과정에서 편향성을 탐지할 수 있지만, 이들의 사후 탐지에만 의존하는 것은 충분하지 않다. 따라서 전문적으로 편향성을 전담해서 이를 탐지할 관리자가 필요하다.

AI 기반 고용서비스의 관리자는 분석 자료에서 나타나는 표본의 편향, 측정 편향, 대리 변수 편향 등을 분석하고 시정해야 하며, 분석 알고리즘의 사전 편향 감사, 사전 시험 · 검증 등을 시행하고, 분석 결과에 편향성 등의 문제가 발생한다면 내부적으로 알고리즘 등을 점검해야 한다. 따라서 데이터 보호 영향 평가를 담당할 DPO(Data Protection Officer, 자료 보호 담당자)와 알고리즘과 분석 결과의 위험을 분석 및 모니터링하고 위험에 대한 완화 조치를 수립하고 시행하는 관리자가 별도로 필요하다.

이러한 전문성을 갖춘 관리자는 고용서비스를 제공하는 일선 기관인 개별적인 고용 센터보다는 업무의 독립성과 전문성을 확보할 수 있도록 소속 부처나 관련 산하 기관의 소속으로 채용하는 것이 적합할 것으로 보인다.

### 참고문헌


오선정 외(2024). "대내외 경제위기에 따른 한국 공공 고용서비스 정책의 변화". 《노동정책연구》, 24(1), 1~29쪽.

오선정·이재갑(2025a). "인공지능 기반 고용서비스의 통계적 차별 가능성 연구: 잡케어 시스템을 중심으로". 《노동정책연구》, 25(1), 33~66쪽.

오선정·이재갑(2025b). "한국 고용서비스의 유형화 특성 분석 및 개선 방안 연구". 《노동정책연구》, 25(3), 115~137쪽.

Desiere, S. & Struyven, L.(2020). Using artificial intelligence to classify jobseekers: The accuracy-equity trade-off. SPSW Working Paper.

**오선정**

전남대학교 행정학과 조교수다. 전남대학교에서 행정학사, 미국 시라큐스 대학교에서 행정학 석사, 경제학 석사 및 사회과학(정책학) 박사학위를 받았다. 졸업 후 한국노동연구원 고용정책연구본부에서 연구위원으로 근무했다(2015.7~2023.2). 주요 연구 분야는 정책 분석 및 평가이며, 현재 다수의 부처 및 공공기관에서 자문위원으로 활동하고 있다. “Do High School Peers Have Persistent Effects on College Attainment and Other Life Outcomes?”(2014), “What Have We Learned from Paired Testing in Housing Markets?”(2015), “School Desegregation and Teenage Fertility”(2015), “인공지능 기반 고용서비스의 통계적 차별 가능성 연구: 잡케어 시스템을 중심으로”(2025), “한국 고용서비스의 유형화 특성 분석 및 개선 방안 연구”(2025) 등의 논문을 KCI, SSCI 등 등재학술지에 게재했다.